철학 입문을 위한

최소한의 서양철학사

철학 입문을 위한

최소한의 서양철학사(인물편)

초판 1쇄 펴낸날 | 2024년 1월 25일
    2쇄 펴낸날 | 2024년 3월 21일

지은이 | 신성권
펴낸이 | 이종근
펴낸곳 | 도서출판 하늘아래

주소 | 경기도 고양시 일산동구 하늘마을로 57-9 302호
전화 | 031- 976-3531
팩스 | 031- 976-3530
이메일 | haneulbook @ naver.com

등록번호 | 제300-2006-23호

ⓒ신성권, 2023
ISBN 979-11-5997-093-1(03160)

요즘 세대라면 반드시 알아야 할 서양 대표 철학자 32인

철학 입문을 위한

최소한의 서양 철학사

PHILOSOPHER 32

인물 편

신성권 지음

하늘
아래

들어가는 말

철학을 학문으로서 처음 접하는 초심자들은 철학을 고리타분하고 골치 아픈 학문, 현실과 동떨어진 학문이라고 생각하기가 쉽지만, 철학은 몇몇 유별난 지식인들만의 전유물이 아니며 인간의 정신적 생활이 있는 곳이라면 어디에든 존재하는 것이다. 살아 있는 한 인간은 생각하도록 운명 지어져 있고, 또 생각하는 한 철학하지 않을 수 없다. 인간은 숙명적으로 철학하는 존재다. 우리는 이미 일상에서 철학을 하고 있다. 철학은 글씨가 빡빡하게 들어가 있는 벽돌책 안에만 존재하는 것이 아니다.

인간은 자연현상을 향해 항상 의문을 품는 존재였으며, 각 시대마다 무엇이 인간으로서 올바른 길인가에 대해 사유하고 참다운 앎을 추구하였다. 또한, 인간은 절망에 빠질 때 그 절망을 극복하고자 수많은 가능성을 생각해내는 존재이기도 하다. 이처럼 철학이란 인간과 인간을 둘러싼 세계에 대한 근본 원리와 삶의 본질 따위를 사유하는 것이며 언제나 우리의 현실과 밀접한 관계를 맺고 있다. 물론, 철학은 단순히 어떤 것에 대한 지식이나 이론이 아니다. 철학은 인간과 인간을 둘러싼 세상을 해석하는 하나의 세계관을 구축하는 것이다. 철학은 직접적인 지식이나 분명한 답을 찾기 보다는 질문을 여는 것에 가깝다.

철학의 분야를 어떻게 구분할 것인가에 대한 정확한 합의는 아직도 이루어지지 않고 있지만, 가장 일반적인 분류법에 따르면 철학은 논리학, 형이상학, 인식론, 윤리학의 네 분야로 나눌 수 있다(이 책에서 다루는 각 철학자들의 사상 역시 이 4가지 범주 안에서 전개된다). 논리학은 인간의 이성적 탐구활동과 관련된 특정 종류의 원리와 법칙들이 무엇인지를 탐구하고 이를 체계화하는 학문이다. 형이상학은 과학적 사실에 의존하기보다는 실제 물질세계를 넘어 우리가 보거나 듣거나 냄새를 맡거나 만질 수 없는 가상의 영역을 다룬다. 형이상학적 질문은 다음과 같다. '진실이란 무엇인가?' '사람이란 무엇인가?' '인간의 마음은 무엇인가?' '신은 존재하는가?' 인식론은 앎 혹은 지식의 본성과 범위, 그리고 그 한계를 연구하는 철학의 분과 학문이다. 사람이 무엇인가를 안다고 하는 게 어떤 것인지, 또 무엇인가를 어떻게 알 수 있는지, 참과 거짓을 어떻게 분별하는지 등을 연구한다. 윤리학은 어떤 것이 옳고 그른 것인지에 대해 탐구한다. 무엇이 좋고, 공정하고, 정의로운 것인지, 그리고 우리 주변의 다른 사람들을 어떻게 대해야 하는지, 우리가 어떻게 살아가야 하는지에 대해 탐구한다. 이러한 질문들은 우리 사회를 더 공정하고 더 정의로운 방향으로 인도하는 도덕적 나침반이 될 수 있다.

여기서 철학이 우리 삶을 더 윤택하게 만들어 준다거나, 학습과 일의 효율을 높여 승승장구하게 만들어 준다는 말은 하지 않겠다. 철학을 통해 무엇인가를 반드시 얻어야 하고, 실용적이어야만 의미가 있는 것처럼 여기는 순간, 철학은 오히려 술(術)의 개념으로 격하되고, 다른 학문과 예술, 더 나아가 사회에 미칠 수 있는 영향력이 줄어들게 되기 때문이다.

철학은 특유의 추상성을 가지고 있으며, 확실한 답을 제공하지 않기 때문에, 뜬구름 잡는 학문이라는 비판을 종종 받지만(철학이론에서 직접적으로 빵이나 떡이 나오는 것은 아니지만), 실용적인 지식이나 기술, 감동적인 예술작품 등 인간 일상의 거의 모든 것이 그 정신적 양식에 의해 영향을 받은 것이라는 점을 간과해선 안 된다. 예를 들어, 현대민주주의는 홉스, 로크, 루소의 사회계약설에 바탕을 두고 발전해 온 것이며, 벤담의 공리주의는 법을 만들고 집행하는 과정에 지대한 영향을 미쳤다.

이 책에서 다루어지는 여러 가지 철학자들의 주장 중 어떤 것이 맞고 어떤 것이 틀린 것인지, 누구의 사상이 더 우월한지를 가려내는 것은 별로 중요하지 않다.

세계를 두고 각기 다른 해석을 펼치는 철학자들의 다양한 사상을 접함으로써 하나의 신념에 갇히지 않고 열린 관점에서 인간의 본질과 사회의 현상에 대해 총체적이고 입체적으로 사고할 수 있는 힘을 기르는 것이 관건이다.

끝으로, '철학서'라고 하면 대부분의 독자들은 난해하고 고리타분한 책을 떠올리지만, 이 책은 철학에 대한 기본적 이해와 부담 없는 접근을 목표로 하는 입문자들을 위해 쓰였다. 필자는 인류의 역사와 문화에 큰 영향을 준 주요 서양 철학자들을 선정하여 그들의 핵심 사상을 일목요연하게 전달하기 위해 노력했으며, 또한 그것을 철학사의 전체적 흐름 속에서 이해할 수 있도록 배려했다. 여기서 다루는 철학자들은 서양 철학사에서 제법 큰 조각들을 손에 쥐고 있다. 이들이 쥐고 있는 조각들을 모아서 철학의 큰 틀을 완성해보자.

2023년 12월 신성권

차례

철학과 종교 그리고 과학

Q1. 철학과 종교는 어떻게 다른가?

현실적이고 구체적인 것을 문제 삼기보다는, 궁극적이며 근원적인 것을 추구한다는 점에서 철학은 과학과 구분되는데, 철학의 이러한 성격은 종교와도 통하는 부분이 있다. 그리하여 러셀은 철학을 과학과 종교의 중간지대라고 하였다.

"철학은 신학과 마찬가지로 명확한 지식으로 단정을 내릴 수 없는 여러 가지 문제를 다루지만, 과학처럼 인간의 이성에 호소하지 권위에 호소하진 않는다. 명확한 지식은 다 과학에 속하고, 명확한 지식을 초월한 모든 주장은 신학에 속하는 것이다. 그러나 신학과 과학 사이에 양쪽의 공격 대상이 될 수 있는 중간지대가 존재하는데, 이 지대가 바로 철학이다." – 버트런드 러셀

종교와 철학은 과학으로는 해결할 수 없는 분야에 속한다는 점에서 공통적이다. 그리고 종교는 인간이 자신의 한계를 통감하고 전지전능한 절대자에 귀의하여 깨달음을 얻고 올바른 인생을 살려고 하

는 요구에서 비롯되는 것이며, 이러한 종교가 맹목적인 믿음에 머무르지 않고 이성으로 나아갈 때 철학과 그 목적이 교집합을 형성한다고 할 수 있다. 철학도 인생을 살아가는 데 있어 무엇이 올바른 삶인지, 다른 사람을 어떻게 대해야 하는지 등을 탐구하고 밝힘으로써 올바른 삶을 추구하게 된다.

이처럼 철학과 종교는 서로 공통되는 부분이 많지만, 철학과 종교는 그 내용을 다음과 같이 달리하고 있다.

첫째, 종교는 궁극적인 존재를 그 대상으로 한다. 철학 역시 초월적 존재를 문제 삼기도 하지만 초월적 존재를 대하는 태도에 있어서는 종교와 차이가 있다. 철학은 어디까지나 초월적 존재의 정체를 이성으로써 파악하고자 하는 데 비해 종교는 초월적 존재를 향한 감정적 믿음에 의존한다.

둘째, 종교는 삶의 문제를 신앙에 의탁하여 해결하려 하지만, 철학은 인간의 이성으로 끝까지 궁리하고 사색하여 그 문제를 극복하고자 노력한다. 중세의 어느 철학자는 '나는 불합리한 까닭에 믿는 것이다'라고 하였는데, 이것은 이성보다 감정에 호소하는 종교적 태도를 단적으로 보여주는 것이다. 철학은 불확실성에 대한 줄기찬 대결과 끝없이 되묻는 반성적 비판을 중시한다. 이런 점에서 철학은 미완결적이면서도 종교보다 지적 작업의 근간으로서 객관성과 보편성을 지향한다.

셋째, 철학과 종교는 모두 삶에 대한 궁극적 진리를 추구한다는 점에서 공통적이지만, 종교에 있어서는 어떤 것이 옳은 것이고 가치 있는 것인지는 이미 경전에 해답이 주어져 있다. 만약 이에 이의를 제기하거나 비판적 태도를 보이게 되면, 이단으로 몰리게 된다. 그러므로 종교인에게 남은 것은 이미 정해진 진리를 학습하고 그대로 실천하는 일일 것이다. 반면 철학 하는 사람에게 있어 무엇이 옳은 것인지, 무엇이 가치 있는 것인지는 스스로 사색을 통해 구해야 할 문제다. 끊임없이 질문하고 비판적 태도와 이성적 숙고로 새로운 해답을 제시하기 위해 노력해야 한다.

Q2. 철학과 과학은 어떻게 다른가?

철학이나 과학이나 모두 진리에 대한 사랑에서 시작되었으며, 그 탐구 대상도 인간과 인간을 둘러싼 이 세계다. 이런 관점만 보면 철학과 과학은 서로 차이가 없다. 그래서 처음에는 철학과 과학의 구분 없이, 모두 철학이라고 하였던 것이다. 그러나 사회가 점차 발전하고, 전문영역이 형성 및 분화됨으로써 철학에 속했던 여러 학문들이 점차 분리되어 나가기 시작했다. 철학을 구성하고 있던 우주론, 자연철학, 국가론은 각각 천문과 지리학, 생물학과 물리학, 정치학과 사회학으로 떨어져 나갔다. 오늘날의 철학은 자기로부터 떨어져 나간 과학에게 권좌를 빼앗긴 형국이다. 본래 한몸이었던 철학과 과학은 오늘날 어떤 차이를 보이고 있는 것일까?

첫째, 과학이 개별 구체적인 영역을 다룬다는 점에서 특수학이라면, 철학은 존재의 근원을 보편적, 총체적으로 다룬다는 점에서 보편학이라고 말할 수 있다. 과학과 철학의 탐구 대상은 인간과 인간을 둘러싼 이 세계, 즉 자연이다. 이 점에서 보면 과학과 철학은 차이가 없지만, 과학은 세계 전체가 아니라 어느 특수한 부분을 연구하고, 철학은 세계의 궁극적 원리, 즉 본질을 통일적, 보편적으로 탐구하는 것이다.

둘째, 진리를 추구하는 방법론에 차이가 있다. 과학의 방법은 세계적으로 공통적이며, 체계화되어 있다. 어떤 학자든 그 방법의 동일성이 유지된다. 과학은 실험, 관찰, 측정, 비교 등을 통해 새로운 진리를 발견하고자 한다. 가설을 수립하고 가설을 검증함으로써 객관성을 확보한다. 그러나 철학은 궁리와 사색을 통해 진리를 탐구한다. 때문에 철학은 철학자마다 방법론이라고 할 수 있는 것들이 모두 다르다. 다만, 철학자의 사고와 논리에 있어서는 모순이 없어야할 것이다(내적 일관성). 철학은 이성과 비판적 사고를 사용해 진리를 추구하지만, 과학과 달리 실험이나 검증으로부터 자유로운 내적 사고의 결실이다.

셋째, 과학은 가치문제에 중립적이지만, 철학은 가치 자체를 문제 삼는다. 과학은 존재 자체에 대한 사실만을 문제 삼는다. 과학은 있는 사실을 그대로 설명하고 서술할 뿐, 아름다움과 추함, 행복과 불행, 선과 악 등의 가치에 관계하지 않는다. 과학 자체에는 선과 악이 없다. 단지 그러한 사실만이 존재할 뿐이다. 철학은 여기에 어느 목적을 선택함이 옳은가, 무엇이 더 가치 있는가에 대해 질문하고 해답을 제시한다. 그러므로 세계관이나 인생관은 오직 철학에서만 구할 수 있는 것이다. 인생관과 세계관은 주체적으로 세계와 인생을 보고 해석하는 것으로만 이루어질 수 있는 것이기 때문이다.

탈레스 Thales

만물의 근원은 물이다

탈레스(Thales, B.C. 624 ~ B.C. 545)

밀레토스 출신의 철학자로 아리스토텔레스는 그를 철학의 창시자라고 불렀다. 오늘날 서

양 철학사에서 그의 이름은 첫 페이지에서부터 등장하는데, 그가 철학의 창시자로 불리

는 이유는 물이 만물의 기원이라고 주장하면서 신화적 세계관에서 벗어난 최초의 사람이

기 때문이다.

철학의 시작 : 물은 만물의 근원이다

탈레스는 물이 만물의 기원이라고 주장했다. 모든 것이 물로부터 생겨났으며, 물이 자연 현상을 지배한다고 주장했다. 비와 구름뿐만 아니라 생명과 에너지조차 물에서 생겨난다는 것이다. 또한, 지구 중심에는 물이 흐르고 있는데, 그 물의 흐름이 잘못되면 지진이 일어날 수 있다는 주장도 하였다. 물론 만물의 근원이 물이라는 그의 주장은 오늘날 엉터리에 가깝다. 특정 부분 일리가 있는 이야기일 수 있지만, 그의 말이 정답이라고 말하기에는 부족한 점이 너무 많다. 하지만 어떻게 그러한 주장을 하고도 그는 철학의 아버지로 평가받을 수 있었을까?

물이 정말 만물의 근원인지는 중요하지 않다. 여기서 중요한 것은 설명의 내용이 아니라 방식이다. 과학적 사고를 통해 세상을 이해하려고 한 최초의 시도라는 점이 중요하다. 탈레스 이전의 사람들은 모든 만물이 신에 의해 만들어지고 바뀌어 왔다고 생각했다. 하늘에서 천둥·번개가 치면, 사람들은 신이 노했다고 생각했다. 이해하기 어려운 자연 현상들을 모두 신에 의존하여 설명한 것이다. 그러나 탈레스는 만물의 근원을 신에 의존하여 설명하지 않았다. 그는 자연현상을 나름대로 과학적으로 설명하기 위해 노력했다. 세계를 이해하는 방식에 변화가 생긴 것이다.

만물이 물로 이루어져 있다는 진술은 과학적 가설로 간주해야 하며, 결코 어리석은 주장으로 취급해서는 안 된다. 그리스인은 경솔하게 여러 가설을 세웠지만, 밀레토스학파는 적어도 자신들이 세운 가설을 경험에 근거하여 시험할 준비가 되어 있었다.

물이 만물의 근원이라는 그의 주장은 과학이 발전한 오늘날에 보면 허무맹랑한 것이지만, 자연현상은 신이 관장하는 고유의 영역일 뿐이라는 생각에서 벗어나 자연을 관찰하고 연구했다는 것은 당시로서는 획기적인 일이 아닐 수 없다. 그 이후 만물의 근원이 공기라거나 원자라고 주장하는 철학자들이 등장했지만, 환원론적인(복잡하고 변화무쌍한 자연도 근본적으로 가장 단순하고 변하지 않는 무언가로 구성되어있다는) 생각을 인류 최초로 한 것은 탈레스다.

그는 그림자 높이의 비례 값을 활용해 피라미드의 높이를 재거나, 천문학적 지식을 활용하여 기원전 585년의 일식을 예측하기도 하였다. 나일 강의 범람이유를 신이 아닌 다른 자연현상을 활용해 설명하기도 했다. 그의 주장에는 맹점도 있었지만, 그는 과학적 분석력을 토대로 세상을 보다 합리적으로 설명하기 위해 노력했다. 그를 통해 인류의 신화적 사고는 논리적 사고로 변화하게 되었고, 이것이 그가 오늘날 철학자 1호로 인정받는 이유다.

* 아낙시메네스(Anaximenes, BC 585 ~ BC 525)
고대 그리스 밀레토스학파의 철학자. 아낙시만드로스의 제자로서, 만물의 근원을 공기라고 생각하였다.

철학자의 길

탈레스에 대한 재미있는 이야기도 전해 내려오는데, 어떤 사람이 탈레스에게 말했다.

"철학 따위는 쓸모가 없는 것 같다. 너는 학문을 연구하지만 언제나 가난하게 살지 않는가? 친구여! 돈을 잘 버는 방법은 널려 있다네. 머리를 한 번 써보시게."

그러자 탈레스는 자신의 천문 지식을 바탕으로 다음 해 가을엔 올리브가 풍작일 것을 예견하고는, 겨울 동안 자신의 사비를 다 털어서 밀레투스 일대의 올리브기름 짜는 기계를 싼값에 모두 사들였다. 당시, 마을에는 올리브의 생산량이 급격히 줄어들고 있었기에 기름 압축기는 불필요한 물건이 되어서 사람들이 기꺼이 싼 값에 넘긴 것이다. 가을이 되자 예상대로 풍년이 들었고, 사람들은 기름 짜는 기계를 구하고자 탈레스에게 서로 몰려와 기계를 비싼 값에 구할 수밖에 없게 되었다. 탈레스는 순식간에 큰돈을 모을 수 있었다.

아리스토텔레스는 이 일화에 대해 다음과 같은 사족을 달았다.

"학자는 마음만 먹으면 언제든 부자가 될 수 있으나, 학자의 목적은 부자가 되는 데 있지 않다는 것을 탈레스가 세상 사람들에게 보여주었다."

탈레스의 말

- 가장 어려운 것은 나 자신을 아는 것이다.
- 만물의 근원은 물이다.
- 외모를 꾸며서는 안 된다. 아름다움은 삶의 방식 속에 나타난다.
- 가장 어려운 것은 자신을 아는 것이고, 가장 쉬운 것은 타인에게 충고하는 것이다.

피타고라스 Pythagoras
수(數)는 만물의 원리다

피타고라스(Pythagoras, B.C. 570 ~ B.C. 495)

그리스의 종교가 · 철학자 · 수학자. 피타고라스는 만물의 근원을 '수'로 보았으며, 수학에

기여한 공적이 매우 커 플라톤, 유클리드를 거쳐 근대에까지 영향을 미쳤다.

두 얼굴의 사나이

고대 그리스의 철학자 피타고라스는 대단히 기묘한 사람으로 알려져 있다. 피타고라스는 두 얼굴의 사나이였다. 하나는 엄밀하고 정확한 수학자의 얼굴이고, 다른 하나는 사이비 교주로서의 얼굴이다. 그가 만든 피타고라스학파는 학문을 연구하는 단체이기도 했지만, 사실상 피타고라스를 신처럼 모시는 종교 집단과 다름이 없었다. 피타고라스의 한 쪽 다리가 황금으로 되어있다든가, 네소스 강이 그에게 인사를 했다는 둥, 그를 신격화한 여러 일화가 전해져 내려온다. 피타고라스학파에는 이상한 규율도 많았다. 대표적인 것이 바로 콩을 먹지 못하게 했다는 것인데, 그 이유가 콩에는 영혼이 있기 때문이라고 한다. 수학자이자 종교단체의 교주였던 그는 당시 사람들에게 존경과 모욕을 동시에 받았다.

하지만 수학자로서의 피타고라스는 천재적인 면모를 보였다. 그가 전개하는 수학적 논리에는 생명 탄생의 신비가 담겨 있을 만큼 폭이 넓었기 때문이다. 음악의 음계 역시 그가 만들었다고 알려져 있다.

수(數)는 만물의 원리다

피타고라스는 산책 중에, 대장간에서 들려오는 망치질 소리에서 음계의 수학적 원리를 발견했다. 어떤 날은 망치질 소리가 듣기에

좋았지만, 어떤 날에는 불편하게 들린다는 것이 피타고라스의 호기심을 자극했다. 피타고라스는 연구를 통해, 특정 비율의 진동수가 있는 소리를 들으면 듣기가 좋고, 그렇지 않을 때는 별로 듣기가 좋지 않다는 사실을 발견했다. 그는 이에 착안하여 음계를 만들었고, 일상적으로 들리는 음의 체계를 구현함으로써 자연음에 불과했던 다양한 소리를 구체적으로 표현할 수 있게 하였다.

여기서 끝나지 않는다. 피타고라스는 수학이 물질적 사물에도 적용된다고 보았다. 우주의 별과 태양도 모두 수학적 원리를 따른다는 것이다. 자연의 조화 속에는 수적인 관계가 숨어있다는 것을 안 것이다. 아리스토텔레스가 만물의 근원을 물, 불, 흙, 공기라고 말하고, 헤라클레이토스가 불이라고 말한 것은 단지, 만물의 구성요소가 무엇이냐를 논하는 것이지만, 피타고라스에게 중요했던 것은 그 구성요소가 아니라, 구성 요소 간의 수적인 관계와 원리였다. 탈레스부터 시작된 만물의 근원에 관한 탐구가 자연에 존재하는 물질에 관심을 둔 것이었다면, 피타고라스는 자연이 존재하는 형식에서 만물의 원리를 찾은 것이다.

수는 단위로 존재하는 독립된 것이다. 그러나 피타고라스는 독립적인 수 사이에 존재하는 질서를 발견했고, 이런 질서를 통해 만물의 조화를 추구하였다. 결국, 독립적으로 존재한 수와 수 사이의 질서를 발견함으로써 자연의 조화는 물론 생명 탄생의 신비까지 논하게 된 것이다.

피타고라스는 플라톤에게 많은 영감을 주었고, 서양철학사에서 실험적 자연과학의 성립에 중요한 역할을 하였다. 중요한 포인트는 실재가 수학의 언어로 구상될 수 있다는 생각이었다.

"사상의 영역에서 피타고라스만큼 영향력이 큰 사람은 더 없을 터이다. 플라톤 사상처럼 보이던 점이 분석을 거치고 나면 실제로는 피타고라스 사상으로 드러난다. 지성에는 드러나지만 감각에 드러나지 않는, 순수하고 영원한 세계의 착상은 피타고라스에서 비롯된다."

— 버트런드 러셀, 《서양철학》

피타고라스의 정리

피타고라스는 사원의 대리석바닥을 보며 직각삼각형의 심오한 질서가 있다는 것을 발견했다.

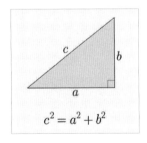

피타고라스의 정리는 직각삼각형 빗변의 제곱은 나머지 두 변의 제곱의 합과 같다는 정의다. 이 세상에 존재하는 모든 직각삼각형은 피타고라스의 정리를 따른다. 그는 도형을 이용해 수학을 논리적으로 증명함으로써 이전까지의 지식을 집대성했다.

피타고라스의 정확한 증명은 문헌으로 남아있지 않지만, 피타고라스의 증명 방법에 대한 가장 유력한 가설은 닮음비를 이용하는 것으로 알려져 있다.

피타고라스 정리를 증명하는 방법은 수백 가지에 이르며, 아래 예시는 그중에서도 가장 유명하고, 교과서에도 가장 많이 등장하는 기하학자 유클리드의 증명법이다.

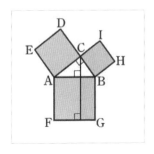

그림에서 직각삼각형 ABC가 있다. 여기서 변 BC는 정사각형 BHIC의 한 변이므로, BC의 제곱은 정사각형 BHIC의 넓이가 된다. 마찬가지로 변 AC의 제곱은 정사각형 ACDE의 넓이가 된다. 이 두 개의 정사각형 ACDE와 BHIC의 넓이의 합이 제일 큰 정사각형 ABGF의 넓이와 같음을 보여주는 것이 유클리드 증명의 핵심이다.

유클리드의 증명의 기본원리는 등적변형과 삼각형의 합동이다.

등적변형이란 주어진 도형을 같은 넓이를 가진 다른 모양의 도형으로 변형하는 것을 뜻한다.

* 유클리드(Euclid, BC 300 추정)

BC 300년경에 활약한 그리스의 수학자, 기하학자다. '유클리드기하학'의 대성자이며, 그의 저서 《기하학원론》은 기하학에 있어서의 경전적 지위를 확보하고 있다.

....

피타고라스의 말

- 만물의 근원은 수이다.
- 침묵하라. 아니면 침묵보다 더 가치 있는 말을 하라. 쓸데없는 말을 하느니 차라리 진주를 위험한 곳에 던져라. 많은 단어로 적게 말하지 말고 적은 단어로 많은 것을 말하라.
- 힘은 절제된 삶 속에 있고, 자유는 자신을 완전히 통제하는 데 있다.
- 되도록 육식을 삼가라(피타고라스는 제자들에게 동물의 살덩이를 먹는 것을 금지했다고 한다. 그것은 친족이나 벗의 영혼이 동물로 갱생되었을지 모른다는 특유의 윤회관 때문이다. 따라서 이들에게 있어 채식은 너무나 당연한 실천이었다).

프로타고라스 Protagoras
인간은 만물의 척도다

프로타고라스(Protagoras, B.C. 485 ~ B.C. 414)

프로타고라스는 기원전 5세기경 활동한 고대 그리스 철학자이다. 최초의 소피스트라 불

리는 인물로 '인간은 만물의 척도이다'라는 말로 진리의 상대성을 설파하였다.

인간은 만물의 척도다

기원전 5세기경, 그리스 아테네에는 소피스트라고 불리는 철학자들이 있었다. 이들은 말하는 언변이 뛰어나서, 사람들에게 변론술을 가르치는 일을 직업으로 삼은 자들이었고 프로타고라스는 이들의 대표 주자였다. 프로타고라스로 대표되는 소피스트들은 달변가답게 변하지 않는 진리나 공동의 선과 같은 것은 없다는 믿음을 가진 사람들이었다.

사람들의 의견이 다를 때 한 사람이 옳고 다른 사람은 그르게 되는 객관적 진리는 존재하지 않는다는 말이다. 예를 들어, 차가운 물에 손을 담그고 있다가 다시, 미지근한 물에 손을 담근 사람은, 손을 뜨거운 물에서 미지근한 물로 옮긴 사람보다 물의 온도를 더 뜨겁게 느낄 것이다. 이에 대해 소피스트들은 이렇게 말할 것이다.

"물이 따뜻한지, 미지근한지 차가운지를 묻는 것은 의미가 없다."

왜냐하면, 똑같은 물이라도 누구에게는 시원할 것이고 누군가에게는 미지근할 것이고 누군가에게는 따뜻할 것이기 때문이다. 물 온도는 각자의 기준에 따라 달라지는 셈이고 절대적 기준이나 진리 따위는 존재하지 않는다.

프로타고라스는 '인간은 만물의 척도'라는 말로 자신의 철학을 표현하였다. 인간은 어떤 것을 인식할 때 모두 똑같이 절대적으로 이해하지 않고 각자의 기준으로 상대적으로 이해한다는 것이다. 이러한 프로타고라스의 생각은 절대적 진리와 선악이 존재한다고 생각했던, 소크라테스와 대비되는 것이었다.

　진리의 상대성과 관련해서, 프라타고라스의 재판으로 유명한 이야기가 있다.

　어느 날, 수업이 끝나면 재판을 이긴 수임료로 수업료를 지급하기로 한 제자와 말다툼이 있었던 것이다. 프로타고라스는 그 당시 1타 강사 격 소피스트로 수많은 제자들이 그의 강의를 듣기 위해 돈을 지급하였고 실제로 그는 강의를 통해 큰 부를 축적했다고 한다. 수업을 모두 마친 제자는 프로타고라스에게 수업료를 지급할 생각이 없었는지, 재판을 할 생각은 안 하고 놀기만 하였다. 이것을 답답해하던 그는 제자를 불러 '너는 나에게 수업료를 지불할 수밖에 없다'라는 사실을 강조하였다.

　프로타고라스는 '내가 너를 재판에 걸어 내가 이기면 판결에 의하여 내게 수업료를 지불하여야 하고, 내가 지면 너가 이기는 것이니 수업료를 내야한다.'는 논리를 펼쳤다. 이에 대하여 그의 제자는 '제가 스승님에게 이기면 판결에 의하여 수업료를 내지 않을 것이고, 제가 지면 계약에 의하여 수업료를 내지 않을 것입니다.'라는 논리로 맞섰다. 이 말을 들은 프로타고라스는 당황하여 뒷목을 붙잡았지만, 그만큼 자신의 가르침이 강력하다는 것을 깨닫고 만족해했다고 한다.

프로타고라스의 말

- ■ 인간은 만물의 척도다.
- ■ 시간은 모든 것의 아버지다.
- ■ 모든 것은 맥락에 따라 다르다.
- ■ 우리는 인간으로서, 불완전하다.

소크라테스 Socrates
나는 내가 모른다는 것을 안다

소크라테스(Socrates, B.C. 469 ~ B.C. 399)

고대 그리스 철학자이며, 공자, 석가모니, 예수와 함께 세계 4대 성인으로 거론되기도 한

다. 상대방의 허점을 끝까지 물고 늘어지는 질문법으로 당시 많은 지식인들에게 모욕을

주었고, 이는 훗날 기소를 당해 독배를 들게 되는 주요 원인이 된다. 소피스트(궤변가)들

의 무지(無智)를 밝히려 몰아세우다가 궁지에 몰린 것이다. 그는 자신의 저서를 한 권도

남기지 않았지만 그의 철학적 사상은 그의 제자들에 의해 후세에 전해지고 있다.

산파술

소크라테스는 제자들에게 철학을 가르쳐 주면서도 수업료를 받지 않았다. 왜일까?

자기가 가르친 게 하나도 없기에 돈을 받을 수 없다는 것이다. 사람들은 지식을 이미 갖고 있는데 그것을 잊어버린 것일 뿐이고 자신은 그것을 다시 상기할 수 있도록 도와준 것밖에 없다는 것이다. 아기 낳는 걸 도와주는 사람을 산파라고 한다. 산파는 직접 아기를 만들어 주지 않는다. 이미 뱃속에 아이가 들어있는 산모가 그 아이를 해산할 수 있도록 옆에서 도와줄 뿐이다. 마찬가지로, 자기가 사람들을 가르치는 게 아니고, 사람들이 이미 알고 있었지만 잊어버렸던 지식을 상기하도록 옆에서 도와주기만 했다는 것이다. 소크라테스는 상대방에게 질문을 던져 스스로 무지(無知)를 깨닫게 함으로써 사물에 대한 올바른 개념에 도달하게 했는데, 그것이 가능한 이유는 사람들이 이미 지식을 알고 있었기 때문이라는 것. 그는 자신의 지식을 주입하려 하기보다, 상기가 일어나도록 여건을 조성하는 일에 힘썼다.

소크라테스의 산파술은 다음과 같은 형식으로 진행된다.

- 상대방에게 어떤 개념의 정의를 묻는다.
- 상대방은 그 물음에 p라는 답을 제시한다.
- 이에 계속 질문을 던져 상대가 q, r, s…를 답변으로 제시한다.

- 소크라테스는 이 q, r, s…가 앞서 제시한 답변 p와 모순됨을 지적한다.
- 상대방은 p라는 자신의 믿음이 잘못되었음을 인정하지 않을 수 없다.

소크라테스는 자신이 모든 것을 안다고 자만하는 궤변가들의 무지를 깨닫게 해주기 위해 노력했다. 그는 용기에 대해 질문했으며, 아름다움에 대해, 정의에 대해 사람들에게 질문했다. 자신이 안다고 자신하여 질문에 당당하게 답변을 해나갔던 사람들도, 결국엔 자신이 아는 것이 없다는 사실을 인정할 수밖에 없었다고 한다.

소크라테스의 산파술은 상대편에게 질문을 던져 스스로 무지를 깨닫게 함으로써 사물에 대한 올바른 개념에 도달하게 하는 방법이다. 소크라테스 자신도 명확한 정의를 제시해 주지는 못한다는 점을 들어, 그의 문답법이 파괴적이고 부정적인 방법에 불과하다고 여기는 사람들도 있지만, 이러한 지적은 핵심을 완전히 잘못 이해한 것이다. 소크라테스는 산파술을 통해 어떤 새로운 개념이나 정답을 제시하고자 한 것이 아니라, 기존에 있는 개념을 명료하게 만들려고 한 것이다.

소크라테스는 답을 가르치고자 한 대부분의 사상가들과 달리, 질문하는 철학으로 나아갔다. 소크라테스는 대화, 논쟁, 토론을 통해 아테네 젊은이들에게 스스로 사유하는 법을 가르쳐줬다. 젊은이들은 이제 당연하다고 생각해왔던 모든 것들에 대해 이것저것 따지기 시작했고, 이는 합의된 사회적 권위와 기득권층에 대한 도전으로 이

어졌다. 이는 소크라테스가 기소를 당하게 되는 실질적 이유가 된
다.

모르는 것을 알기에 현명하다

고대 그리스에서는 고소, 고발이 아주 빈번하게 일어났을 뿐만
아니라, 변호사가 따로 없었기 때문에 법정에서 자기 자신을 직접
변호해야 했다. 배심원들로부터 유리한 결과를 얻어내기 위해서는
호소력 있게 말을 잘해야 했다. 또한 말을 잘하면 정치적으로도 출
세의 기회를 잡기 유리한 시대이기도 했다. 때문에 그 당시 말을 잘
하는 능력은 매우 중요한 능력 중 하나였고, 변론술, 수사학, 웅변
술이 매우 성행하였다.

당시 아테네에서도 이런 걸 가르치는 강사들이 있었고, 이들을
소피스트라고 불렀다. 소피스트들은 수업의 대가로 고액의 수업료
를 지급받았으며, 소피스트의 대표격 인물인 프로타고라스는 이를
통해 막대한 부를 축적한 것으로 전해진다. 철학자, 소크라테스는
이러한 상황에서 세상에 등장했다. 그는 저술보다는 대화를 통해 철
학적 교류를 하였고, 특히 상대방에게 계속 질문을 해서 자신의 무
지를 깨닫게 하는 방법을 썼다. 이런 질문을 중심으로 하는 교수법
을 산파술이라고 부른다. 진리에 대한 확신을 가지고 있던 피질문자
가, 질문자의 문답법에 의하여 결국 자신의 주장을 스스로 부정할

수밖에 없게 되는 것이다.

그는 시장바닥이나 광장에서 지나다니는 사람을 붙잡아 두고 산파술을 통해 '당신은 아무것도 모른다.'고 말하는 인물이었다. 어쨌든 이렇게 소크라테스와 대화를 나누게 되면, 상대방은 이내 지적 수치심과 불쾌감을 느끼게 된다.

끊임없이 '왜?'로 물고 늘어지는 그의 특유한 논법은 지식을 가진 자들(소위 정치인, 작가, 장인, 소피스트 등)의 무지를 증명했고, 이로 인해 그는 많은 사람들로부터 공분을 사게 되었다. 특히, 그의 산파술에 철저하게 망신을 당한 소피스트들은 속으로 이를 갈았을 것이다. 이는 훗날 소크라테스가 기소를 당해 법정에 서게 되는 원인 중 하나로 작용한다.

더욱이, 당시의 소피스트들은 제자들에게 웅변술을 가르쳐주는 대가로 수업료를 받았지만, 소크라테스는 그들보다 언변에 더 능통했음에도 불구하고 수업료를 받지 않고 사람들에게 철학을 가르쳐주었다. 때문에, 많은 사람들이 소크라테스에게 철학을 배우기 위해 몰려들었고, 당연히 소크라테스의 존재는 소피스트들에게 눈엣가시와도 같았을 것이다.

전해져오는 이야기에 따르면, 당시 어떤 사람이 '아테네에서 소크라테스보다 더 현명한 자가 있습니까?' 라고 델포이 신전에 묻자, 무녀는 소크라테스가 가장 현명하다는 대답을 했다고 한다. 이를 전해 들은 소크라테스는 아는 것이 하나도 없는 자신이 아테네에서 최고의 현자일리가 없다고 생각하여, 당시 현명하다는 사람들(정치인, 작가, 장인)을 상대로 그들의 지혜를 시험해 봤다고 한다. 그러나 결국 현자로 보였던 그들은 자신의 무지(혹은 편견)조차 몰랐다는 사실이 드러나게 되고, 그제야 소크라테스는 '자기가 무지하다는 것'을 알고 있었던 자신이 아테네에서 가장 현명한 사람임을 깨닫게 되었다고 한다.

소크라테스의 죽음, 그리고 악법도 법이다

세계 4대 성인으로 언급되는 소크라테스는 기원전 5세기경 그리스를 대표하는 철학자였다.

그가 남긴 대표적인 어록으로는 '너 자신을 알라(적어도 나는 내가 모른다는 것을 안다)' 외에 '악법도 법이다'가 전해지고 있다. '악법도 법이다'는 학창시절 누구나 들어봤을 법한 문구다. 89년생인 필자 역시 중학교 도덕 시간에 교과서에서 이 문구를 접한 적이 있다.

그러나 소크라테스가 정말 이런 말을 했을까?

결론부터 말하면 소크라테스는 이런 말을 한 적이 없다. 그의 말을 기록한 것으로 알려진 《대화편》에도 그런 말은 등장하지 않는다.

잠시, 소크라테스의 죽음 당시의 상황을 살펴보자.

소크라테스는 당시 신을 모독하고 젊은이들을 타락시켰다는 죄목으로 기소되고, 사형을 선고받았는데 이 판결이 부당하다고 생각했던, 동갑내기 친구 크리톤이 사형집행 직전, 소크라테스를 찾아가 탈옥할 것을 권한다. 사실, 간수도 이미 매수해 두었고, 탈옥 비용도 다 준비되어 있었기 때문에, 탈옥하는 것은 그리 어려운 문제가 아니었다. 사법당국 역시 소크라테스를 처형했을 경우, 맞이할 여론 악화로 인한 정치적 부담이 컸기 때문에 사실상 망명을 조장하는 방법을 선택했었다. 하지만 잘 알려졌다시피 소크라테스는 그 제안을 거절하고, 독배를 들었다. 죽음을 모면할 기회가 충분히 있었음에도 자신의 철학적 소신을 지키기 위해 죽음을 선택했다는 설이 유력하다. 자신의 목숨을 시기기 위해 아테네를 띠니 평생 철학하지 못한 채 살아야 한다면 그것이야말로 가치가 없는 삶이라고 본 것이다. 소크라테스가 세상을 떠난 뒤, 그의 사상은 제자였던 플라톤에게로 이어졌다.

그가 죽으면서 '악법도 법이다'라는 말을 했다고 전해지지만, 그런 말을 한 적은 없다.

그렇다면 '악법도 법이다'라는 말은 어디에서 나온 것일까? '악법도 법이다'라는 말은 1930년대 일본의 법철학자 오다카 도모오가 출판한 《법철학》에서 등장한다. 그는 법실증주의의 관점에서 소크라테스의 사례를 해석했다. 법실증주의란 법의 이론이나 해석·적용에 있어서 어떠한 정치적·사회적·윤리적 요소도 고려하지 않고,

오직 법 자체만을 형식 논리적으로 파악하려는 입장이다. 국가기관에 의하여 실제로 제정된 법만이 법으로서의 효력을 갖는다고 주장하며, 제정되지 않고 자연히 존재하는 자연법의 존재를 인정하지 않는다. 이 논리는 법이라는 형식만 갖춰진다면 무엇이든 허용될 수 있다는 극단적 주장으로 발전하게 된다.

여기서 우리는 오다카 도모오가 소크라테스의 사례를 '악법도 법이다'라고 왜곡한 이유를 금방 알아차릴 수 있다. 당시, 일본의 잔혹한 식민통치를 합리화하기 위해서였다. 일본 천황이나 지배층이 제정한 법에 저항하지 않고 무조건적으로 복종하는 무비판적 군대와 시민을 양성하기 위한 기획이었던 것이다. '오다카 도모오'아래서 수학했던 한국 제자들이 해방 이후 한국 법학계를 주도하는 인사들이 되었고 이들이 재생산한 '악법도 법이다'라는 말은 이후 권위주의 정부의 이해관계와도 정확히 부합하니, 오늘날까지 이 말이 떠도는 것은 그리 신기한 일이 아니다.

* 2002년 11월, 국가인권위원회 : 제7차 교육과정 초등학교 6학년 교과서 '악법도 법이다'라는 소크라테스의 말, 삭제, 수정 권고

* 2004년 11월, 헌법재판소 : 중학교 일부 사회 교과서가 준법정신을 강조하는 대표적 사례로 소개하고 있는 소크라테스가 악법도 법이라며 독배를 마신 일화는 부적절한 것으로 지적, 그 수정을 권고하였다.

소크라테스의 말

- 내가 그대보다 지혜롭다. 왜냐하면, 나는 적어도 내가 모른 다는 것을 알고 있기 때문이다.

- 인간사에는 안정된 것이 하나도 없음을 기억하라. 그러므로 성공에 들뜨거나 역경에 지나치게 의기소침하지 마라.

- 부자가 재산을 자랑하더라도 그 부를 어떻게 쓰는가를 알기 전에는 칭찬하지 마라.

- 모든 언행을 칭찬하는 자보다 결점을 친절하게 말해주는 친구를 가까이하라.

- 반드시 결혼하라. 좋은 아내를 얻으면 행복할 것이다. 악처를 얻으면 철학자가 될 것이다.

플라톤 Platon
참된 진리는 현실 너머 이데아의 세계에 있다

플라톤(Platon, B.C. 427 ~ B.C. 347)

플라톤은 아테네 최고의 정치 명문가에서 태어났다. 20세에 소크라테스의 제자가 되어 그에게서 큰 감화를 받았다. 처음에는 정치가를 희망했지만, 혼란에 빠진 아테네의 민주 정치를 위해 희생된 스승 소크라테스의 사망을 목격한 후 뜻을 바꾸어 철학자로서의 일생을 보내게 되었다. 초월적인 이데아(Idea)가 참 실재(實在)라고 하는 사고방식을 전개했으며, 남긴 저서로는 《대화편》이 있다.

이데아 : 동굴의 비유

플라톤은 감각을 통한 인식이 전부가 아니라고 주장했다. 우리가 감각으로 받아들이는 것은 사물의 실재가 아닌 그것을 반영한 허구에 불과하다는 것이다. 이 말은 거짓되지 않은 존재는 감각을 통하지 않고도 인식이 가능하다는 의미다. 플라톤은 그 유명한 동굴의 비유를 통해 이를 설명하고 있다. 그것은 다음과 같은 상황을 전개한다.

깊은 동굴에는 많은 수의 죄수들이 벽면 쪽만 바라보도록 묶여있다. 그런데 그들의 등 뒤, 즉 동굴의 입구 밖에는 태양이 있었다. 이 태양 빛에 의해 동굴 벽에는 여러 사물들의 그림자가 생겼는데, 그 그림자는 마치 살아 있는 존재인 것처럼 죄수들의 눈앞에서 아른거렸다. 죄수들은 자신이 보는 것을 사물의 실재라고 여기지만 사실은 벽에 비친 그림자일 뿐이다. 이때, 이 죄수 중에 한 명의 철학자가 족쇄에서 풀려나 동굴 밖으로 벗어났다고 가정해보자.

그는 최초로, 동굴 밖에서 그림자를 만들었던 진짜 사물과 그러한 모양의 그림자를 가능케 했던 태양빛을 보게 된다. 그는 여태껏, 동굴 속에서 실재라고 여겼던 모든 것들이 불완전한 것이었음을 깨닫게 된다. 그는 다시 동굴로 돌아가, 아직도 동굴 벽에 비친 그림자를 사물의 실재라고 믿고 있는 죄수들에게 동굴밖에 사물의 실재가 있음을 설명해보지만, 그는 죄수들 사이에서 미치광이 취급을 받을 뿐이다(플라톤은 동굴의 비유를 통해 이데아의 세계를 엿볼 수 있는 철학자들이 직면할 위험을 경고하기도 했다).

동굴 안	동굴 밖
가짜 세계	진짜 세계
현실의 세계	이데아의 세계

플라톤은 동굴의 비유를 통해 인간의 보편적 처지를 설명하고 있다. 즉, 대부분의 인간은 불완전한 감각에 의존하여 세상을 인식하고 있다는 것이다. 동굴 밖의 세계를 인식하는 것은 곧 참된 실재를 인식하는 것인데, 오직 소수의 철인만이 이성적 지혜와 통찰력을 통해 참된 이데아의 세계를 볼 수 있으며, 이러한 이데아의 능력을 갖춘 철학자들이 정치를 했을 때, 진정한 이상 국가가 실현될 수 있다고 플라톤은 생각했다.

이데아란 사물과 사고가 지닌 완전 불변한 본질을 말한다. 플라톤에 따르면 이 세상에 존재하는 모든 것에는 각각의 이데아가 있다. 책상의 이데아가 있고, 삼각형의 이데아가 있고, 돌의 이데아가 있다. 우리가 일상에서 마주하는 사물들은 이데아의 복제물에 불과하며, 오직 지성으로서만 그러한 복제물들 너머의 참된 본질을 볼 수 있다.

최고의 정치체제는 철인군주제

플라톤은 정치문제에 이데아론을 적용하여 이상 국가론을 제시한다. 플라톤의 국가관은 그의 영혼론에서 출발한다. 플라톤에 의하면 인간은 금, 은, 동이 섞인 영혼을 가지고 태어나며, 그 차이에 따라 각 영혼의 품계가 구분된다.

금은 이성, 은은 의지, 동은 욕망을 상징한다. 이성의 덕은 지혜이고, 의지의 덕은 용기이고, 욕망의 덕은 절제이다. 이 세 가지 덕이 서로 조화를 이룰 때 정의의 덕이 발생한다. 플라톤은 이 논리를 국가에도 적용했다. 국가 역시, 이러한 세 계급으로 나누어져 서로 조화를 이루어야 정의가 실현된다는 것이다. 이는 지배자계급, 수호자계급, 생산자계급으로 나눌 수 있으며, 각각 철인, 군인, 직인이 이에 해당한다. 이들은 각자에게 맞는 고유한 임무를 가진다. 플라톤이 생각한 이상 국가는 이성적이고 지혜로운 철인들이 지배자가 되어 강한 의지를 가진 수호자 계급을 통해 욕망을 지닌 생산자계급을 지배하는 사회로 보았다.

플라톤은 저서 《국가론》에서 정의의 실현은 개인에 의해 이루어지지 않고 사회 전체 윤리에 의해 이루어진다고 강조하였으며, 철인의 왕이 그러한 개인들을 통제해야 한다고 하였다. 이것이 바로 그 유명한 '철인 정치론'이다(참고로 《대화편》에서는 소크라테스의 가르침을 윤색한 부분이 많이 등장하지만, 그 중에서 《국가론》은 플라톤의 철학이 온전히 담겨있는 저서로 평가된다). 이것이 플라톤이 생각하는 '정의'다. 그가 말한 정의는 오늘날 '민주주의'와 다소 다르다. 스승 소크라테스가 어리석은 대중들에게 죽임을 당했다고 보았기 때문이다.

한편, 앞서 언급한 각 3계급은 각각 진선미(眞善美)에 대응한다. 지배자계급, 즉 철인은 진(眞, 이성과 지혜)에, 수호자 계급은 선(善, 도덕성, 의지)에, 생산자 계급은 미(美, 아름다움과 욕망)에 각각 대응한다. 플라톤은 인간 최고의 가치들인 삼위(三位) '진선미'의 창시자인 셈이다. 이러한 논리는 서양철학사에 지대한 영향을 미쳤는데, 일례로 칸트의 3저인《순수이성비판》,《실천이성비판》,《판단력비판》은 각각 진, 선, 미에 대응한다.

 - 두뇌 : 지배자, 이성과 지혜를 지닌 철인
 - 심장 : 수호자, 용감함, 기개, 도덕성을 지닌 군인
 - 위 : 생산자, 자신의 욕망을 잘 절제할 수 있는 직인

금	이성	지배자(철인)	진(眞)	학문
은	의지	수호자(군인)	선(善)	종교
동	욕망	생산자(직인)	미(美)	예술

서양철학은 플라톤의 주석일 뿐이다

후대 철학자인 화이트헤드는 "서양철학은 플라톤의 주석에 불과하다"라는 말을 남겼다. 그만큼 서양철학 전반에서 플라톤이 차지하는 영향력이 지대하다는 뜻이다.

철학사에서 이원론의 원조는 단연 플라톤이다. 이데아의 세계를 상정하면 세계는 필연적으로 둘로 나뉜다. 현실의 세계는 가변적이고 유한한 우리의 경험세계에 불과하지만, 이데아의 세계는 영원불멸하고 초경험적인 세계다. 참된 진리와 미는 이데아의 세계에 속해 있는 것이다. 세계를 이분법적으로 해부하는 이러한 접근은 수많은 비전을 가지고 있는데, 세계를 현상계와 물자체로 나눈 칸트가 그렇고, 기독교적 교리가 그렇다. 기독교도들 역시 세계를 원죄를 가지고 태어난 인간들이 존재하는 '이 세계'와 저 멀리 천국에 있는 '저 세계'로 나누는 이분법을 가지고 있다. 모든 사물에는 이데아가 있다는 플라톤의 사상은 신의 존재를 정당화하려고 했던 중세철학자들에겐 주요 사상적 기반이 되었다.

그리고 육체, 감성보다 정신과 이성을 중시하는 서양철학의 흐름을 낳았다.

서구의 전통에서 육체는 정신에 비해 늘 찬밥신세였다. 정신이야말로 인간의 본질이며 진정한 '나'라고 믿었던 것이다. 신체는 단지, 불완전한 감각기관에 지나지 않았다. 정신이 오류를 범하면 사람들은 그 원인을 육체의 불완전성에서 찾고는 했다. 불완전한 감각기관인 육체가 잘못된 감각 정보를 정신에 전달했기 때문에 정신이 오류를 범했다는 것이다. 그래서 서구에서는 철저히 인간을 정신과 육체로 구분하고 전자에는 불멸성과 완전성의 지위를 후자에는 흙으로 돌아갈 불완전성의 지위를 부여하고 후자를 극복의 대상으로만 보았다.

플라톤의 말

- 시인들은 자신들도 이해하지 못하는 위대하고 지혜로운 말들을 지껄인다.
- 육체에서 비롯되는 쾌락의 상태가 줄어들면 들수록 그만큼 대화의 즐거움과 매력은 커지는 것이다.
- 진정한 철학에 의해서만 국가도 개인도 정의에 도달할 수 있다.
- 철학자가 왕이 되거나, 현재의 왕들이 철학적 정신과 힘을 갖게 되기 전까지는 국가도 인류도 결코 재난을 면치 못할 것이다.

아리스토텔레스 Aristoteles
진리는 현실 속에 있다

아리스토텔레스(Aristoteles, B.C. 384 ~ B.C. 322)

고대 그리스의 철학자로 소요학파의 창시자이다. 그는 플라톤의 말마따나, 이데아(Idea)를 보았더라도, 공동체의 구체적인 요구를 초월한 철학자는 '올바른 정치'를 할 수 없다고 보았다. '실천적 지혜'를 통해 '철학적 지혜'를 보완해야 함을 역설한 것이다. 고대에 있어서 최대의 학문적 체계를 세웠고, 중세의 스콜라 철학을 비롯하여 후세의 학문에 큰 영향을 주었다. 주요저서로는 《자연학》, 《니코마코스 윤리학》, 《형이상학》, 《정치학》 등이 있다.

서양철학의 기틀을 다진 자

아리스토텔레스는 플라톤의 수제자이며 서양철학의 기틀을 다진 것으로 평가받는 철학자다. 고대 그리스의 학문을 집대성한 아리스토텔레스는 중세 및 근세 사상의 형성에 지대한 영향을 미쳤을 뿐만 아니라 오늘날 사용하는 철학용어 대부분이 그로부터 유래하였다. 그는 의사집안에서 태어났는데, 그의 부친은 마케도니아 궁정의였고, 그의 어머니 역시 의사집안에서 성장하였다. 아리스토텔레스가 생물학에 관심을 갖게 된 것은 의사 집안의 분위기에 영향을 받은 것이며, 플라톤이 철학의 열쇠를 수학에서 찾은 것처럼, 아리스토텔레스는 생물학에서 그 열쇠를 찾았다(사실을 객관적이고 경험적으로 관찰하는 의사집안 분위기는 그의 철학에도 상당부분 영향을 주었을 것이다). 당시에는 아들이 아버지의 가업을 이어받는 경우가 많았기에, 보통의 경우라면 아리스토텔레스 역시 철학자가 아닌 의사가 되어야 했을 것이다. 하지만 아리스토텔레스의 두뇌는 더욱 폭넓은 경험을 요구하였고, 결국 고향을 떠나 아테네로 가게 된다.

그는 18세 무렵 당대 최고의 철학 교육기관이었던 플라톤의 아카데미아에 입학하여 20년간 공부하면서, 플라톤의 사상적 영향을 받았고, 그의 수제자로 명성을 얻었다. 하지만 아리스토텔레스처럼 뛰어난 인물이 마냥 남의 가르침을 그대로 따르며 살 수는 없는 법. 그는 '이상'에 치우쳐 있었던 플라톤의 철학을 비판하고 실천적 지혜를 강조하는 방향으로 나아갔다. 플라톤이 이데아를 추구하는 이상주의자였다면, 그의 제자인 아리스토텔레스는 현실에 충실한 체계적 사상가였다.

그가 연구한 분야는 실로 대단히 방대하다. 윤리학, 논리학, 형이상학, 미학 등 철학의 주요 분야는 물론, 정치학, 경제학, 시학 등의 인문분야, 그리고 기상학, 천문학, 생물학 등의 자연과학분야까지 400권이 넘는 방대한 저술을 남겼다(그 가운데 50여 권이 지금도 남아있다고 한다).

그가 남긴 방대한 저술만큼, 서양철학에 미친 영향력도 대단했다. 중세의 대표적인 철학자 토마스 아퀴나스는 아리스토텔레스의 이론에 영감을 받아 신의 존재를 증명하였다. 근대의 철학자 토마스 홉스, 존 로크, 장 자크 루소 등이 주장한 사회계약설 역시 아리스토텔레스의 영향을 받은 것이다. 더불어 독일 철학의 거성 임마누엘 칸트, 게오르크 헤겔도 아리스토텔레스의 영향을 받았으며, 칸트는 논리학에 있어 "아리스토텔레스 이후 한발자국의 진전도 없었다." 라고 표현하였다. 그만큼 그의 학문적 성과는 대단한 것이었다.

현실에 충실한 체계적 사상가

플라톤이 이데아(Idea)의 세계란 감각적인 세계를 떠나 존재하는 독립적인 세계라고 주장한 데 대해, 아리스토텔레스는 이데아란 개별적 사물 가운데 들어 있는 형상이라고 주장했다. 즉 현실의 감각 세계를 초월한 이데아의 세계가 따로 있는 것이 아니라, 오히려 우리 눈앞에 보이는 개개의 사물이야말로 참다운 의미에서 실체이자 실재하는 것이다. 아리스토텔레스는 사물의 원형이 감각계 안에 깃들어 있다고 보았다. 이 세상엔 수많은 의자가 존재한다. 그 모양과 재질은 각기 다르다. 하지만 '앉게 한다'라는 공통적 본질이 담겨있다. 그렇다 이데아는 따로 저 멀리 존재하는 것이 아니라 현실에 존재한다. 이처럼, 그는 현실에서 이상을 찾을 수 있다는 점에서 현실을 강조했다. 또한 그는 플라톤의 말마따나, 이데아를 보았더라도, 공동체의 구체적인 요구를 초월한 철학자는 '올바른 정치'를 할 수 없다고 보았다. '실천적 지혜'를 통해 '철학적 지혜'를 보완해야 함을 역설한 것이다.

아리스토텔레스는 플라톤과 달리 이론철학과 실천철학을 날카롭게 나누었다.

인간의 덕은 잠재된 능력, 즉 이성을 잘 발휘하는 데에 있다.

그런데 다시 덕에는 두 가지, 즉 이론적 덕과 실천적 덕이 있다.

이론적 덕이란 지혜나 식견과 같이 이성 그 자체를 높여서 생기는 덕을 말하고, 실천적 덕이란 본능적 충동을 억제하기 위한 이성의 지배력을 말한다. 그리고 이러한 실천적 덕은 우리가 양쪽 극단을 피하여 중용을 지키는 데에 성립하게 된다. 여기서 말하는 중용은 산술적 중간이 아닌, 지나침과 모자람이 없는 적절한 상태를 말한다.

최고선과 행복

소크라테스와 플라톤은 올바른 앎의 문제를 옳음의 문제와 연관시켰다는 점에 공통점이 있다. 아리스토텔레스 역시 그것을 부정하지는 않았다. 그러나 아리스토텔레스는 좀 더 현실적인 문제에 집중했는데, 그것은 바로 인간이 어떻게 하면 잘 살 수 있는가에 대한 문제다. 그는 삶의 목적이 행복이라고 단언한다. 많은 사상가들과 마찬가지로, 아리스토텔레스 역시 최고선은 행복에 있다고 했다.

그렇다면 그가 말하는 행복이란 무엇인가?
아리스토텔레스는 목적론적 세계관을 가지고 있었다. 이 세상의 모든 것들은 목적을 가지고 있다는 것이다. 그리고 그것들이 각자의 고유한 기능을 잘 활용하여 목적을 이루는 것을 아주 바람직하고 좋은 것이라고 생각했다. 결론적으로 '모든 것들은 제 기능을 잘 발휘할 때 선하다'가 된다.

"인간의 행위 내지 활동은 모두 목적을 가지고 있고 그 목적을 잘 이루는 것이 선이다." - 아리스토텔레스, 《니코마코스 윤리학》

인간의 행위가 추구하는 목적들은 더 상위의 목적을 달성하기 위한 수단이 된다. 점점 상위의 목적으로 올라가다 보면 궁극적인 목적에 이르는데, 아리스토텔레스는 이 목적이 최고선이라고 했다. 예를 들어, 논문을 작성하는 행위는 학위취득을 위한 목적에, 그리고 학위의 취득은 학자가 되기 위한 목적에 종속된다. 그리고 학자의 연구 행위는 학문적 성과를 내려는 궁극적 목적에 종속된다. 서로 다른 모든 능력과 기술이 보다 높은 하나의 능력에 종속됨을 알 수 있다. 이처럼 더욱 크고 높은 능력을 갖는 목적이, 종속되는 모든 다른 능력이 갖는 목적보다 더 바람직하다고 말할 수 있다. 이 궁극적 목표에 이르는 것이 최고선이며, 최고선은 다름 아닌 행복이다. 행복이란 인간의 선 중에서 가장 큰 선이다. 우리가 최고선으로서의 행복을 추구하는 것은 어떤 다른 목적이 있어서가 아니라 행복 그 자체를 위해서이다.

행복이란 모든 생물이 자기의 타고난 능력을 완전히 발휘하는 데에서 달성된다. 이것이 아리스토텔레스 윤리학의 핵심이다.

또한 아리스토텔레스는 인간이 도덕적인 삶, 행복한 삶을 살아가지 못하는 이유가 욕망과 충동에 있음을 지적했다. 욕망과 충동은 항상 지나침과 모자람의 양극단으로 치우치기 때문에 인간이 정도를 걷는 것을 방해한다는 것이다. 여기에 대해 아리스토텔레스는 인간의 욕망을 어떻게 다스리고 통제할 수 있는가에 대한 훌륭한 대답을 주고 있다. 아리스토텔레스는 행복 추구의 방법으로서 '중용'을 제시한다. 중용이란 곧 넘치지도 부족하지도 않게 행복을 추구하는 자세로, 이성적인 인식과 삶의 자세를 필요로 한다. 예를 들어, 무작정 적진에 뛰어드는 행위가 만용이고, 자신의 몸을 사리기만 하는 것이 비겁이라면, 용기는 적절한 때에 적을 공격하고, 적절하게 후퇴할 줄 아는 것이다.

정치, 중간 계급에 열쇠가 있다

아리스토텔레스는 《정치학 Politika》에서 국가의 정의와 목적, 이상 국가, 시민의 정의와 자격, 각 정치체제의 종류와 특징, 공교육 등에 대해 폭넓게 다루고 있다. 플라톤이 이상적 국가에 대해 관념적으로 접근했다면, 아리스토텔레스는 현실을 중시한 사상가답게, 현실의 여러 정치체제의 생성과 변화를 관찰하고 현실적 적합성 검토를 통해 체계적으로 제시하고 있다.

아리스토텔레스는 국가가 인간의 목적에 의해서 자연스럽게 생겨났다고 말한다. 세상 만물은 모두 목적을 가지고 있으며, 인간 역시 목적을 가지고 태어났는데, 인간의 최종적 목적은 바로 행복이다. 행복한 삶을 위해서는 자급자족할 수 있는 공동체 생활이 필요하며, 이러한 공동체 생활을 영위하기 위해 자연스럽게 국가가 탄생했다고 아리스토텔레스는 정의한다(인간은 사회적 동물이다). 인간은 태어나면서부터 공동생활을 하도록 되어있기 때문에 모여 살게 되고, 마침내 국가를 이루게 된다. 물론, 개미나 벌과 같이 무리를 형성하는 군서(群棲)동물들도 있지만, 인간은 언어를 사용하기 때문에, 생각을 할 수 있고, 옳고 그름을 판단할 수 있다. 때문에 인간은 정의와 법을 세우고 공동체의 수준을 넘어서는 국가를 형성할 수 있는 것이다.

세상에는 많은 공동체가 존재한다. 개인이 가정을 이루고, 그 가정이 모여 마을을 이루고, 그 마을이 모여 국가를 이룬다. 그 공동체들은 모두 선한 목적을 가지고 성립되었으며, 그 공동체 중에서 최고 수준에 있는 것이 바로 국가다. 국가는 최고 수준의 공동체이기 때문에, 국가가 가지고 있는 목적 또한, 다른 공동체보다 최고 수준의 선을 가지고 있다. 국가가 가진 최고 수준의 목적은 바로 자급자족의 공동체를 구현하는 것이다. 자급자족이란, 다른 공동체나 외부의 도움 없이 스스로 모든 문제를 해결하면서 공동체를 유지해 나갈 수 있는 완벽한 공동체를 말한다.

아리스토텔레스는 정치적 동물인 인간이 폴리스를 구성하며 살아가는 게 자연스럽다 보았으며, 폴리스의 특성을 기술하고, 다양한 국가들, 즉 다양한 공동체들을 살펴보면서 어떤 정치체제와 사회체제가 있는지 분석하였다. 한 나라를 통치하기 위해 권력을 얻고 그 권력을 유지하며 행사하는 모든 행동이 정치이며, 그 권력을 어떻게 얻고 어떻게 유지하며, 누가 행사할 것인가에 대한 기본을 정해놓는 것을 정치체제라고 한다. 그는 지도층과 덕의 유무를 기준으로 정치체제를 왕정, 참주정, 귀족정, 과두정, 민주정, 혼합정의 6가지로 구분했다.

국가는 대체 어떤 형태로 운영되는 것이 바람직할까?

우선 왕정과 참주정은 양극단에 위치한 정치체제다. 왕정은 플라톤이 제시한 것처럼 신에 가까울 정도로 완벽한 철인 왕이 통치하는 형태이며, 참주정은 선동가가 대중을 선동하여 왕이 된 뒤 자기 자신만을 위해 통치하는 경우를 말하기 때문이다.

아리스토텔레스는 왕정과 귀족정을 가장 이상적인 정치체제로 지목했다. 반면 참주정, 민주정, 과두정에 대해서는 매우 부정적인 평가를 내렸다. 참주정은 통치자가 사욕을 위해 폭력적인 지배를 하기 때문이고, 민주정과 과두정은 각각 소수(가난하거나 부유한 양 극단의 사람들)의 이익만 고려하기 때문이다. 과두정은 덕으로서 뛰어난 것이 아니라 재력으로서 뛰어난 소수자가 지배하는 정체이다. 민주정은 형식적으로는 자유인이 전원 정치에 참여하는 정체이지만 실제로서는 다수를 차지하는 빈민이 수적인 힘으로 지배하는 정체이다.

왕정과 귀족정이 이상적인 정치체제이긴 하나 현실에서 실현하기 어려운 상태라면 어떻게 해야 할까? 아리스토텔레스는 중용을 역설한 철학자 답게 ' 혼합정 ' 을 그 대안으로 제시한다. 과두정체와

민주정체를 전체적으로 혼합한 중간형태인 '혼합정체'를 이상적으로 보았다. 그는 개인에게 중용의 삶이 최선의 삶이듯, 국가에도 중간계급(중산층)으로 구성된 정체가 최선의 국가공동체라고 보았다. 그는 가난하거나 부유한 양 극단의 소수가 아닌 다수의 중간 계급이 통치하는 형태로써 다른 정치체제가 지닌 단점들을 보완할 수 있다고 본 것이다. 극단적 영역에 놓인 소수의 사람들보다는 균형잡힌 상태에 있으면서 국가 대부분을 구성하고 있는 다수의 사람들이 통치할 때 보다 더 올바른 정치적 결정이 나올 수 있다.

"입법자는 언제나 자신의 정치체제 안에 중간을 포함해야만 한다. 왜냐하면, 만일 그가 과두정적 법을 제정하려 한다면 중간에 있는 사람들을 겨냥해야만 하고, 민주정적인 것을 제정하려 한다면 이 법들에 의해서 중간에 있는 사람들을 끌어들여야만 하기 때문이다. 또 중간에 있는 사람들의 수가 양극단의 전부를 능가하는 그곳에서는 안정된 정치체제가 있을 수 있다. 귀족정치는 귀족들이 공정하게 정치를 하면 좋으나 사리사욕에 빠져 정치를 잘못하면 나쁘다. 민주정치는 대중들이 지혜로우면 좋으나, 무지하면 나쁘다." – 아리스토텔레스. 《정치학》

최선의 정치체제는 국민이 행복할 가능성이 높은 정체다. 하지만 행복 국가를 만들기 위해서 인간의 본성과 습관, 이성의 혁신이 필요하다. 아리스토텔레스는 인간이 완성되었을 때는 가장 훌륭한 동물이지만, 법과 정의에서 이탈했을 때는 가장 사악한 동물이라고 하였다. 인간은 지혜와 미덕을 위해 쓰도록 무기들을 갖고 태어나지만, 그 무기들은 너무나 쉽게 정반대의 목적을 위해서도 쓰일 수 있기 때문이다. 다시 말해, 인간이라는 동물은 법과 정의로 다스려야 완성될 수 있고, 아리스토텔레스가 청소년 교육 등 공교육의 중요성과 시민교육을 강조한 이유가 여기에 있다.

한편, 국가를 형성하는 가족관계, 가사 관리, 노예제도 등에 대해서 그는 지배자와 피지배자의 관계로 보았다. 나아가 각자의 본성에 맞는 역할과 그에 수반되는 정도의 탁월함을 갖는 것이 효율적이라고 보았다(각자의 자질과 특성이 잘 발휘되는 국가가 번영할 수 있다고 보았다).

물론 노예의 존재를 인정하고 여성의 지위를 낮춰보았다는 점에서 오늘날 동의하기 어려운 부분도 분명 존재하지만, 그의《정치학》에는 당시로서는 생각해내기 어려운, 시대를 앞서 가는 혜안이 곳곳에 담겨있다. 대표적으로 국가가 최선의 상태로 있는 것은 권력이 중간계급의 손아귀에 있을 때라고 상정한 부분이 그렇다. 중간 계급에 권력이 있어야 하며, 이들 계층이 무너지면 공동체가 붕괴된다는 주장은 오늘날의 사회에서도 통하는 논리다. 국가가 중산층을 확대하기 위해 노력하는 이유는 완충지로서 양극화로 인한 갈등을 완화할 수 있기 때문이다. 또한 그는 올바른 정치를 하기 위해서는 시민들이 어느 정도의 재산을 갖춰야 한다고 생각하였다. 정신적 여유도 재산적 여유에서 나오는 것이기 때문이다. 재산이 없는 사람들은 먹고사는 일에 매달리느라 정치적인 일에 대해 깊이 고민하고 관여할 시간을 가질 수 없는 것이다. 경제가 낙후된 후진국일수록 국민들의 정치참여도가 낮은 것도 이 때문이다.

아리스토텔레스의 말

- 탁월하다는 것은 아는 것만으로는 충분치 않으며, 탁월해지기 위해, 이를 발휘하기 위해 노력해야 한다.
- 진실에 대해 만족스러운 결정을 내리려면 논쟁의 당사자보다는 중재자가 되어야 한다.
- 욕망의 속성은 만족을 모른다는 것이고, 보통 사람은 욕망의 즉각적인 충족만을 추구하며 살아간다.
- 사회생활을 하지 못하거나, 혼자로도 충분하기 때문에 사회가 필요 없는 자는 짐승 아니면 신이 틀림없다.

에피쿠로스 Epikouros
빵과 물만 있다면 신도 부럽지 않다

에피쿠로스(Epikouros, B.C. 341 ~ B.C. 271)

헬레니즘 시대, 에피쿠로스학파의 창시자. 쾌락주의 철학을 펼쳤다. 에피쿠로스는 빵과

물만 있다면 신도 부럽지 않다고 말하며, 필수적인 욕망만 추구한다면 고통 없는 상태인

'아타락시아'에 이를 수 있다고 했다.

필수적 욕망만 추구하라

에피쿠로스는 이 세계가 더 이상 쪼갤 수 없는 작은 원자들의 우연한 결합에 지나지 않는다고 보았다. 즉, 죽음이란 이 원자들이 모였다가 다시 해체되는 현상에 불과하며, 그 이후엔 아무것도 남지 않는다는 것이다. 그래서 인간은 죽음 이후를 두려워할 필요가 없다. 죽은 인간은 인식 능력이 없기 때문이다. 인간의 죽음과 관련하여 에피쿠로스는 다음과 같은 말을 남겼다.

"우리가 존재하는 한 죽음은 우리와 함께 있지 않으며 죽음이 왔을 때 이미 우리는 존재하지 않는다."_ 에피쿠로스

즉, 살아 있을 때는 죽음을 경험할 수 없고, 죽고 나면 인식기능의 상실로 죽음을 경험할 수 없기 때문에 죽음을 두려워할 필요가 없다는 것이다. 이 논리는, 쓸데없이 죽음을 두려워하지 말고, 현재 우리의 삶을 잘 살아내는 데 집중하라는 논리로 이어진다.

그럼 어떻게 하면 인생을 잘 살 수 있을까?

에피쿠로스는 쾌락에 집중했다. 다만, 그가 주장한 쾌락은 우리가 생각하는 쾌락과 다소 차이가 있으니 제대로 이해해야 한다. 그는 쾌락에 등급을 매겼고, 최고 수준의 쾌락을 추구할 것을 권했다. 쾌락이라고 해서 다 같은 쾌락이 아니란 것이다. 그가 제시한 상급

의 쾌락은 삶에 필수적이고 지속가능한 쾌락이다. 식욕, 수면욕 등 의식주 전반을 말한다. 이러한 쾌락은 손쉽게 획득할 수 있고 지속 시간도 길다. 중급의 쾌락은 자연스러운 욕구이긴 하지만 삶에 필수적인 요소는 아니다. 여기에는 성욕과 사치를 들 수 있다. 성욕과 사치는 제거할 대상은 아니지만, 과하지 않도록 경계해야 할 쾌락에 해당한다. 하급의 쾌락은 삶에 필수적이지도 않고 지속적이지 않은 저질의 쾌락이다. 여기에는 부, 명예, 권력, 인기 등이 있다. 이러한 쾌락은 바닷물과 같아서, 마시면 마실수록 갈증이 더 심해질 뿐이다. 처음에는 큰 쾌락과 행복을 느끼는 것 같지만 갈수록 쾌락과 거리가 멀어지게 된다.

아타락시아

이처럼 '쾌락주의'라는 수식어가 따라다니는 에피쿠로스가 무분별하게 모든 쾌락을 추구한 것은 아니었다. 고통이 제거될 만큼의 꼭 필요한 쾌락만 충족되면 되는 것이다. 그가 쾌락을 추구하면서 얻고자 한 궁극적 경지는 '아타락시아'다. 아타락시아는 고통에서 자유롭고 영혼에 동요가 없는 편안한 상태를 말한다. 말초적 쾌락은 순간적이고 공허하며, 의미 없는 기쁨을 가져다줄 뿐이기 때문에, 이에 집착하면 반드시 불행해질 것이다. 최소한의 욕구를 채우며, 소박하게 사는 삶이 우리를 아타락시아의 경지에 이르게 해 줄 것이다.

실제로 에피쿠로스는 자신의 철학처럼 평안한 삶을 영위한 것으로 전해진다. 지위고하를 막론하고 다양한 사람들과 함께 정원에 앉아 철학을 연구했으며, 제자 및 친구들과 소소하게 맛있는 음식을 나누어 먹으며, 우정을 나눴다고 한다. 그 이후 (그 당시로는 장수했다고 볼 수 있는) 72세의 나이에 따뜻한 물로 채워진 욕조 안에서 포도주 한 잔을 들이켜며 죽었다고 한다.

에피쿠로스의 말

- 정의란 인간이 서로 해치지 않도록 하기 위한 편의적인 계약이다.
- 우리가 존재하는 한 죽음은 우리와 함께 있지 않으며 죽음이 왔을 때 이미 우리는 존재하지 않는다.
- 못 가진 것에 대한 욕망으로 가진 것을 망치지 말라. 지금 가진 것이 한때는 바라기만 했던 것 중 하나였다는 것도 기억하라.

아우구스티누스 Augustinus

이성보다는 믿음에 의해 신의 은총을 받을 수 있다

아울렐리우스 아우구스티누스(Aurelius Augustinus, 354 ~ 430)

아우구스티누스는 교부철학의 대성자로 추앙 받는다. 교부철학과 신(新)플라톤학파의 철학을 종합하여 삼위일체설과 원죄설, 구원설을 주창하고 설명함으로써 그리스도교 교리를 정립하는데 크게 공헌하여 중세 유럽 사상계에 큰 영향을 미쳤다. 저서로 《고백록》을 남겼다.

교부철학의 대성자, 그리고 플라톤

초기 기독교 교회의 대표적인 교부였던 아우구스티누스는 교부철학과 신(新)플라톤학파의 철학을 종합하여 가톨릭 교회의 교의에 이론적인 기초를 다졌다. 교부(敎父)란 기독교를 단순한 신앙의 형태에서 이성적 철학의 종교로 승화시키고자 노력했던 교회 내의 중심 사상가들을 일컫는 말이다. 그리고 그들이 만든 이념을 '교부철학'이라고 하였다. 교부들이 그리스도교를 변호하기 위해 차용한 이념은 바로 플라톤의 이데아 사상이었고, 이러한 사상은 그리스도교의 유일신에 쉽게 대응할 수 있었으며, 여러 가지 것들을 설명하기에도 유리하였다. 실제로 당시 유행했던 신(新)플라톤주의 사상에서 이데아는 그리스도교의 천국에 대응하는 개념이었고, 그림자는 그리스도교의 현실세계(지상)에 대응하는 개념이었다.

우리가 발을 딛고 살아가는 이 지상세계는 불완전한 곳이라, 제아무리 부와 명성을 쌓아도 구원을 받을 수 없다. 진정한 구원과 행복은 오직 하늘에 있는 저 세상, 즉 신의 나라에서만 만끽할 수 있다. 아우구스티누스는 선형적 역사관을 바탕으로 신의 나라를 준비하는 교회에만 구원이 존재한다고 주장한다. 그리고 이러한 주장은 교회와 교황의 권위를 높이는 데 일조했다. 이로써, 1,000년에 가까운 시간 동안 유럽을 지배했던 기독교 중심 세계관의 사상적 기틀이 마련된 것이다.

삼위일체설

아우구스티누스가 주창한 기독교 교리는 크게 세 가지로 정리할 수 있다.

첫째, 삼위일체설 : 성부와 성자와 성령은 그 본질과 능력과 영광에서 분리되지 않은 채 역사 한다는 이론이다.

둘째, 원죄설 : 하나님은 아담과 하와를 창조했는데, 자유의지를 가진 아담이 하나님의 금기를 어겼고, 이로 인해 그의 피를 이어 태어난 모든 인간이 죄인이라는 이론이다.

셋째, 구원설 : 아담의 후손인 인간은 원죄를 가지고 태어났지만, 자비로운 하나님은 인간의 비극을 불쌍히 여겨 하나뿐인 독생자 예수그리스도를 이 땅에 보내 십자가 위에서 피를 흘리고 죽게 하였다. 이 피, 즉 보혈은 곧 하나님의 은총이며, 이로 말미암아 모든 인간은 구원받을 수 있다는 이론이다.

신에게 고백함으로써 자신의 정신사를 관철했던 아우구스티누스는 예리한 논리와 깊은 심리학적 통찰로 차후 등장할 근대철학의 기초를 닦았으며, 여러 가지 철학의 문제를 제시하였다. 아우구스티누스의 사고방식은 말 할 필요도 없이 교회적—신학적인 문제의식에서 형성된 것이다. 그 철저한 통찰력에 의해 진리와 인식, 존재, 정신 등은 그 후의 근대철학의 기초가 되는 여러 가지 철학의 문제를 낳았다. 예를 들면, 진리를 확립하는 절대적 근거로서 자기 인식의 발견은 훗날 데카르트적인 자기의식의 확실성과 연관성을 가지게 되었다.

여기서는 그리스도교의 교의 중 하나인 신의 삼위일체 즉, 성부, 성자, 성령을 인간의 정신에 반영시킨 '삼위일체 구조'에 대해 알아보자. 성부는 아버지를 뜻하는 것으로 신성한 모든 것의 근원이며 원리다. 성자는 신의 아들로 성부에서 태어난 자를 말한다. 즉, 예수가 성자에 해당한다. 인간들은 신의 아들인 성자를 통해 신을 알고 신에게로 가까워질 수 있다. 한편, 성령은 아버지와 아들에서 나오는 것으로 인간에게 신의 뜻을 전해주고 인간들로 하여금 신을 알게 해준다. 아우구스티누스는 성부, 성자, 성령을 구분하면서도 그 통일성을 자세히 설명하였다. 그는 '세 하나님이 계신 것이 아니라 한 하나님이시며, 성부가 성자를 낳으셨으므로 성부는 성자가 아니시며, 성자는 성부에게서 났으므로 성자는 성부가 아니시며, 성령은 성부나 성자가 아니라 성부와 성자의 영에 불과하다'고 하여 삼위일체의 구분을 뚜렷이 하면서도, '성부와 성자와 성령은 분리할 수 없으며 분리되지 않은 채 역사 하신다'고 하여 그 구별성을 극복하고 통일성을 확고히 하였다. 삼위일체의 개념이 삼신론으로 전락하는 것을 방지한 것이다.

그는 하나님께서 세상을 창조하셨기에 피조물에도 하나님의 어떠하심이 새겨져 있다고 믿었다. 하나님이 창조한 피조물 중 최고는 인간이다. 그래서 그는 인간의 마음 안에서 하나님의 삼위일체의 흔적을 찾으려고 했다. 창조자인 삼위일체의 신이 그와 비슷한 모양의 인간에게도 반영되고 있다고 본 아우구스티누스는 정신을 '세 개의 근본적인 활동이 통일된 구조'로 이해하려고 하였다. 그것은 이전의 자신과 지금의 자신을 일치시키는 근원적인 기억이 있고, 이해력의 작용이 있으며, 그 인식을 사랑하고 긍정하는 의지의 작용이 있다는 것이다. 여기서 아우구스티누스는 기억에서 이해력이 나오고, 이해력에서 의지가 나오며, 이 의지의 작용이 정신을 자기와 일치시킨다고 설파 했다. 결국 정신은 이 삼위일체 구조에 의하여 흔들림 없는 자아가 되는 것이다. 아우구스티누스는 기억, 이해력, 의지 이 셋은 세 생명이 아니라 한 생명이며, 세 마음이 아니라 한 마음이라고 하였다. 이것들은 세 실체가 아니라 한 실체다. 정신의 삼위일체 구조가 신학 상 문제의식에서부터 생겨나기는 했지만, 아우구스티누스의 사고방식은 정신을 구조로서 파악하고, 그 작동방식에 주목했다는 점에 큰 의의가 있다.

원죄설과 구원설

완벽한 신이 만든 이 세상은 왜 악으로 가득할까? 성경에 의하면 분명 하나님께서는 선하고 전능한 존재인데, 그분이 만든 세상엔 고통과 절망, 죄악이 넘쳐나고 있으니 말이다. 이 문제는 사실, 아우구스티누스 이전부터 제기되어왔다. 하지만 기독교 연구자들은 뚜렷한 해결책을 제시하지 못했고, 이는 기독교가 타 종교에게 가장 많이 비판받는 부분이 되었다. 당시, 대중들은 악의 문제에 관심이 많았다.

이에 대해 해답을 낸 사람이 바로 아우구스티누스다.

"악은 그 자체로 존재하는 것이 아니며, 단지 무언가의 부족이나 결함으로 생겨난다." – 아우구스티누스

그에 따르면, 신이 만든 세상에 악은 존재하지 않는다. 다만, 작은 선과 큰 선이 있을 뿐이다. 예를 들어, 다른 사람에게 폭력을 휘두르거나 돈을 강탈하는 행위는 작은 선이고, 불우한 이웃을 돕기 위해 자선을 하는 것은 큰 선에 해당한다. 다시 말해, 악이 따로 존재하는 것이 아니라. 선함과 덜 선함이 있을 뿐이다.

그렇다면, 신은 왜 인간이 언제나 최고의 선을 행할 수 있도록 창조하지 않았을까?
아우구스티누스는 여기에 대해 신이 인간에게 '자유의지'를 부여했기 때문이라고 설명한다.

자유의지를 갖는 인간은 스스로 선한 행동과 덜 선한 행동을 선택할 수 있다. 그럼에도 인간이 선한 행동보다는 덜 선한 행동을 하기 쉬운 것은 우리의 감정이 이성을 압도했기 때문이다. 우리는 이성을 가지고 있지만, 종종 물욕과 육체적 욕망에 굴복당하고 만다. 아우구스티누스는 이런 일이 없도록 이성이 욕망을 통제해야 한다고 보았다.

하지만 그럼에도 우리는 타인에게 해를 가하는 작은 선을 택하는 경우가 많다. 아우구스티누스는 이 원인을 '원죄'라는 개념에서 찾는다.

하나님은 아담에게 사유의지를 주었지만, 결국 죄를 짓고 말았다. 여기에서 원죄가 발생한다. 아담이 저지른 죄로 인해 아담의 후손으로 태어난 모든 인간은 끊임없이 작은 선을 택할 수밖에 없다는 것이다. 원죄는 악으로 기울어지려는 경향을 낳는다.

아담의 후손인 인간은 원죄를 가지고 태어났다. 그러나 자비로운 하나님은 인간의 비극을 불쌍히 여겨 하나뿐인 독생자 예수그리스도를 이 땅에 보내 십자가 위에서 피를 흘리고 죽게 하였다. 이 피, 보혈은 곧 하나님의 은총이며, 이로 말미암아 구원받을 수 있는 길이 열리게 되었다.

인간의 이성은 불완전한 선택을 하는데, 이를 극복하고 더 큰 선으로 나아가기 위해 필요한 것은 오직 무조건적인 믿음에 의한 신의 은총이다(아우구스티누스는 이성보다는 믿음을 강조했다).

아우구스티누스는 플라톤의 이데아 사상을 받아들여 진정한 세계는 이데아계이며 우리가 사는 세상은 불완전한 그림자에 지나지 않는다고 하였다. 우리가 이데아의 세계를 이해하기 어려운 것처럼 신의 세계 또한 우리 이성으로 이해할 수 없는 참 세계이므로 무조건적인 믿음에 의해서 인간은 은총을 받을 수 있다고 주장했다.

아우구스티누스의 말

- 믿지 않으면 이해하지 못할 것이다.
- 영원한 것을 사랑하는 것은 항상 존재하며, 항상 우리의 욕구를 만족시켜 주는 것을 사랑하는 것인 반면 변화하고 사라지는 것을 사랑하는 것은 변화 때문에 실망을 주며 사라짐 때문에 슬픔을 줄 뿐이다.
- 신념은 아직 보지 못한 것을 믿는 것이며, 그 신념에 대한 보상은 믿는 것을 보게 된다는 것이다.

토마스 아퀴나스 Thomas Aquinas

이성과 신앙은 보완관계다

토마스 아퀴나스(Thomas Aquinas, 1224 ~ 1274)

중세 유럽의 스콜라 철학을 대표하는 이탈리아의 신학자다. 토마스 아퀴나스는 시실리

왕의 간청을 받아들여 이탈리아 나폴리에 신학연구를 위한 종합대학을 세우려 했으나 2

년여 동안 무리한 활동에 피로가 겹쳐 결국 신학대전을 완성하지 못한 채로 죽고 말았다.

하지만 그는 죽은 뒤 중세 신학을 완성한 인물로 추앙받는다. 토마스 아퀴나스의 미완성

작 《신학대전》은 인류 역사 속에서 가장 웅대하고 합리적이며 위대한 신학 서적으로 평

가받고 있다.

신과 신앙의 존재이유를 증명하다

9세기경, 교부철학의 해가 저물고 스콜라 철학의 해가 떠오르기 시작했다. 스콜라 철학은 중세 유럽에서 성행한 기독교 신학 중심의 철학 사상으로, 인간의 이성을 바탕으로 기독교 문제를 이해하고자 한 중세 철학의 흐름을 말한다. 스콜라 철학자들은 신학을 체계적으로 정리하고 이를 이성적 사유를 바탕으로 논증하려 했다.

스콜라 철학이 시작된 9세기 무렵부터 신학자들 사이에선 보편논쟁이 일어났다. 보편논쟁이란 보편적 개념을 뜻하는 보편자가 존재하는지, 존재한다면 어떤 존재형식을 갖는지 등에 관한 물음을 두고 벌어진 논쟁이다.

예를 들어, 세 명의 사람이 있다. 그들은 성격과 체형 모든 게 다르지만 '인간'이라는 하나의 범주로 묶인다.

"과연 인간이라는 개념이 존재하는가?"
이 질문에 대해 두 가지 답변이 가능하다.

A: 보편이 실제로 존재한다. 개별적인 것은 보편의 모사, 모방이다.
B: 보편은 존재하지 않는다. 개별적인 것만이 존재할 수 있고 보편은 단지 언어이고 붙여진 이름에 불과하다.

여기서 A같은 생각을 '실재론'이라고 하며 플라톤의 생각 방식이다. B와 같은 생각은 '유명론'이라고 하며 아리스토텔레스의 생각 방식이다(앞서, 플라톤과 아리스토텔레스를 다루었으므로 충분히 이해할 것이라 본다).

플라톤이 이데아의 세계란 감각적인 세계를 떠나 존재하는 독립적인 세계라고 주장한 것에 대해, 아리스토텔레스는 이데아란 개별적 사물 가운데 들어 있는 형상이라고 주장했다. 즉 현실의 감각 세계를 초월한 이데아의 세계가 따로 있는 것이 아니라, 오히려 우리 눈앞에 보이는 개개의 사물이야말로 참다운 의미에서 실체이자 실재하는 것이라는 말이다. 그래서 보편자가 있다고 보는 실재론은 플라톤의 이데아론에 가깝고, 개별적 존재를 중시하는 유명론적 관점은 아리스토텔레스의 이론에 가까운 것이다.

중세 초기 신학자들은 실재론에 가까운 입장을 취했다. 중세 초기의 교부철학을 대표하는 아우구스티누스는 플라톤의 이데아 사상을 받아들여 진정한 세계는 이데아계이며 우리가 사는 세상은 불완전한 그림자에 지나지 않는다고 하였다. 우리가 이데아의 세계를 이해하기 어려운 것처럼 신의 세계 또한 우리 이성으로 이해할 수 없는 참 세계이므로 무조건적인 믿음에 의해서 인간은 은총을 받을 수 있다고 주장했다(인간의 참된 행복은 이성이 아닌 믿음과 은총을 통해 내세에서 실현된다). 하지만 시간이 지날수록 이러한 설명만으로는 해결할 수 없는 문제들이 세상 곳곳에 나타나기 시작했고, 여기에 의문을 갖는 사람들도 늘어만 갔다. 점점 의심이 자라나는 사람들을 위해 그리스도교의 이론을 재정립해야 할 필요가 생겼고, 토마스 아퀴나스 역시 이러한 의문을 갖는 사람 중 한 명으로서, 그는 아리스토텔레스의 현실적 관점을 받아들여 그리스도교의 이론을 재정립하였다. 논리적 사유를 통해 신과 신앙의 존재 이유를 증명한 것이다.

아우구스티누스는 이성보다는 믿음에 더 큰 비중을 두었지만, 논리적 사유를 통해 신에 대해 질문하고 신을 알아가는 만큼 인간의 믿음도 강해질 수 있으므로 이성과 신앙은 오히려 대립관계가 아닌 보완적 관계가 되는 것이다.

신의 대리인인 교황과 세속의 군주인 황제 간의 권력다툼이 치열할 때 도미니크 수도회 소속이었던 토마스 아퀴나스는 사회적 동물인 인간에게는 국가가 필요하고(국가는 자연법에 따라 사회를 안정적으로 유지하는 한편, 사람들이 행복할 수 있도록 그 기능을 담당한다), 교회는 종교적 구원을 책임지므로 국가는 신에 대한 문제에서는 교회에 복종해야 한다고 주장한다.

아리스토텔레스가 이성과 신앙이 서로 보완적 관계라고 한 것처럼 토마스 아퀴나스는 국가와 교회 역시 서로 보완적 관계여야 한다고 말한 것이다.

철학은 신학의 시녀다

"거룩한 가르침, 곧 신학은 자신이 전달하는 것들을 더 명백하게 드러내기 위해 철학이 필요하다." - 토마스 아퀴나스, 《신학대전》

'철학은 신학의 시녀다'라는 문구를 어디선가 많이 들어봤을 것이다. 하지만 이 문구의 뜻을 제대로 아는 사람은 별로 없다. 철학에 대해 '시녀'라는 표현을 썼기 때문에, 신학이 철학을 단순히 노예화한 것처럼 이해하는 사람들이 있는데, 이는 정확한 이해가 아니다. 철학이 신학의 시녀라는 말은 철학이 신학에 이바지한다는 말이고, 신학이 철학에 기대어 많은 것을 취한다는 의미다. 왕족과 귀족은 곁에서 시중드는 사람들 없이 온전한 일상생활을 영위할 수 없다. 이런 점에서 시중을 제공하는 쪽이 권력을 가졌다고도 볼 수 있다.

하지만 토마스 아퀴나스는 모든 것을 받기만 하는 왕녀(신학)가 모든 것을 주기만 하는 시녀(철학)보다 우위라고 생각한 모양이다. 그에 의하면 철학과 신학의 관계에 있어 철학은 신학 아래에 종속되어야 하는 것이 된다. 왜냐하면, 철학이란 원래 초자연적 진리 그 자체를 입증할 수 없고, 다만 그에 반대되는 논지를 무력화할 수 있을 뿐이기 때문이다.

이성을 통한 신 존재 증명

토마스 아퀴나스는 철학과 이성을 통해, 신의 존재를 증명하는 다섯 가지 방법을 제시했다.

첫째는, 운동으로부터의 논증이다. 그에 따르면, 모든 것은 다른 것에 의해 운동하게 된다. 그리고 그 원인을 찾아 끝까지 추적하다 보면, 무한 소급이란 있을 수 없기 때문에 결국 다른 것에 의해 움직이지 않으면서, 다른 것을 움직이게 하는 최후의 존재를 만나게 된다. 그는 이를 부동의 운동자라고 불렀는데, 이것이 바로 신이라고 설명했다.

둘째는, 능동 원인을 통한 증명이다. 어떤 결과가 있기 위해서는 반드시 원인이 있어야 한다. 원인 없는 결과는 없다. 선행하는 작용 원인이 있어야 한다. 그러므로 원인이 결과를 낳고 그 결과가 다시 원인이 되어 또 다른 결과를 낳는 계층이 반복되고, 그 원인을 끊임없이 거슬러 올라가다 보면, 최초의 존재 원인이 있게 마련이다. 그것이 바로 신이라는 것이다.

셋째는, 우연의 존재 이유를 통한 증명이다. 이 세상에 우연한 무언가가 존재하는 이유는 무엇일까? 너와 나는 왜 존재하는가? 토마스 아퀴나스는 필연적 존재에서 그 이유를 찾았다. 모든 존재가 우연적으로 존재할 수는 없으며, 적어도 우연적 존재자에 필연성을 부여하는 존재가 있어야 한다. 필연적 존재가 없다면, 이 세상에는 아무도 존재하지 않을 것이다. 그 필연적 존재가 바로 신이라는 것이다.

넷째는, 완전성의 등급에 의한 논증이다. 우리는 이것저것을 보고 비교하면서, 무엇이 더 아름다운지, 무엇이 더 도덕적인지를 판단할 수 있다. 개별 존재들의 완전성을 비교하는 것이다. 그런데 그 완전성에 대한 절대적 비교 기준은 무엇일까? 토마스 아퀴나스는 그 근원을 찾아 올라가다 보면, 다른 모든 존재 안에서 완전성의 원인이 되는 지상 최고의 존재가 있을 수밖에 없음을 알게 되고, 그 존재가 바로 신이라고 주장했다.

마지막은, 목적론적 방법에 따른 증명이다. 이것은 모든 자연계의 합목적적 구조를 관찰하는 데서 시작한다. 이 세상에 존재하는 각각의 존재는 나름의 목적을 가지고 살고 있다. 토마스 아퀴나스는 모든 자연적 사물로 하여금 일정한 표적을 향해 나아가게끔 하는 지적인 존재가 있다고 믿었다. 이것이 신이라는 것이다.

그는 인간의 이해 범위를 넘어서는 신의 초자연적 진리가 있다고 생각했기 때문에, 철학을 통해 신에 대한 모든 것을 증명할 수 있다고 믿지는 않았다. 하지만 그럼에도 신을 철학과 이성을 통해 증명하려고 했다는 점에서, 이전 시대의 신학자들과는 분명 다른 면모를 가지고 있었다고 평가할 수 있을 것이다.

- 철학은 신학의 시녀다.

- 신은 그 자신을 통해서 자립하는 존재 자체이다.

- 인간의 최고의 행복은 가급적 신을 닮고자 하는 데에 있다.

- 절제보다 훌륭한 미덕은 없고 방종만큼 나쁜 악덕은 없다.

마키아벨리 Machiavelli
도덕과 정치는 분리되어야 한다

니콜로 마키아벨리(Niccolo Machiavelli, 1469 ~ 1527)

이탈리아 피렌체 공화국의 외교관. 정치철학자로 29세에 피렌체 공화국 제2서기관이 되었고, 오랜 기간 국정 수행의 중추적 역할을 담당했다. 마키아벨리는 남을 다스리는 사람은 야수적인 것과 인간적인 것을 잘 구사할 줄 알아야 한다고 하였다. 국가를 온전히 보전하기 위해서는 엄숙한 도덕주의를 팽개치고 군주가 노련하게 권모술수를 부릴 수 있어야 한다는 주장이 그의 저서 《군주론》에 나타난다. 《군주론》과 더불어 《로마사 논고》, 《피렌체사》, 《만드라골라》 등의 저서를 남겼다.

마키아벨리와 메디치 가문, 그리고 군주론

마키아벨리는 피렌체의 최고 통치권력이던 메디치가(家)가 추방되고 난 후 29세에 피렌체 공화정의 외교관으로 발탁된다. 이후 뛰어난 외교적 능력으로 다양한 실적을 올리며 당시의 명사들을 만날 기회를 만들게 된다. 그러나 이후 시련이 시작된다. 1512년 프랑스 군대가 교황 율리우스 2세의 신성 동맹에 밀려 피렌체에서 철수하게 되었고, 따라서 프랑스의 지원을 받던 피렌체 공화정도 힘을 잃었기 때문이다. 결국 메디치가가 복귀하면서, 피렌체 공화정의 핵심 인물이었던 그는 반메디치 인물로 낙인찍히게 되고, 공직에서 쫓겨나는 수모를 겪게 된다. 잠시 공직에 복귀하기도 하였지만, 메디치가 암살 모의에 휘말려 수차례 고문을 당하기도 했다. 하지만 그는 끝까지 결백을 주장하면서 버텼고 덕분에 가까스로 풀려나서 멀리 피렌체가 보이는 작은 농장에 은거할 수 있었다. 이 시기의 마키아벨리는 재산 대부분을 몰수당했으며, 가족들을 부양하느라 힘든 나날들을 보내고 있었다.

그럼에도 마키아벨리는 공직에 복귀하기를 포기하지 않았다. 피렌체를 위하여 공직에서 일하기를 원했던 그는, 1513년 메디치가의 군주 로렌초 데 메디치에게 자신의 뜻을 전하는 《군주론》을 저술하여 바친다. 즉, 《군주론》은 마키아벨리가 공직에 복귀하기 위해 지도자에게 헌정한 선물인 셈이다. 《군주론》에는 '위대한 로렌초 데

메디치 전하께'라는 헌사가 담겨있으며, 마키아벨리는 이 책을 두고 '위대한 인물들의 업적에 관한 지식을 담은 책'이라 평했다. 그러나 《군주론》은 그 내용의 파격성으로 인하여, 이내 수많은 논란과 비판을 불러왔다. 《군주론》은 1513년 완성되었지만, 마키아벨리가 사망한 지 5년 뒤인 1532년에야 정식으로 출간되었다.

정치와 도덕은 분리되어야 한다

그렇다면 《군주론》에는 어떤 내용이 담겨있을까?

마키아벨리는 미켈란젤로, 레오나르도 다빈치가 활동했던 르네상스 시대 인물이다. 르네상스 시대를 흔히, 사회적으로 안정되고 예술적인 분위기가 꽃피웠던 낭만적인 시대로 여기지만, 사실은 그와 달리 분열과 혼란의 시대였다. 15세기 말 이탈리아는 독일, 프랑스 등이 통일된 국가 형태로 발전해 나가는 것과 달리, 로마제국 멸망 이후 국가 분열이 더욱 악화되어 힘이 약해졌고, 외세의 침략에 고통당하고 있었다. 특히, 십자군전쟁 이후 각 도시국가들의 발달은 더욱 국가적 통합과는 거리가 멀어, 혼란에 박차를 가할 뿐이었다. 그 바람에 피렌체 공화국은 주변 상황에 따라 정국이 수시로 바뀌며 혼란에 휩싸이곤 했다. 마키아벨리의 대작 《군주론》은 이러한 복잡다단한 이탈리아의 상황을 배경으로 쓰인 것이다.

《군주론》은 어떻게 하면 나라를 잘 다스릴 수 있는지, 어떻게 하면 이상적인 군주상이 되는지, 점령한 땅과 나라를 어떻게 다스려야 하는지, 평화시대에 군주는 어떻게 대처해야 하는지, 현명한 군주는 어떻게 처신해야 하는지, 정치는 어떻게 하는지, 또 인간의 어두운 본성을 말해주고, 그에 따라서 군주는 어떻게 대응해야 하는지를 다루고 있다. 정치술을 논하는 책인 만큼 마키아벨리는 인간 본성에 대해 적나라하게 꿰뚫고 있다. 그래서 《군주론》을 읽다 보면 '인간은 ~하기 때문에 ~해야 한다.'라는 문구를 자주 볼 수 있다.

마키아벨리는 《군주론》에서 도덕적으로 이상적인 인간을 상정하지 않는다. 길거리에서 우리가 흔히 마주하는 현실의 인간들이 어떠한 본성을 가졌는지를 말하고 현실적 대응책을 말할 뿐이다. 마키아벨리는 인간이란 두려워하는 상대보다는 의리와 정으로 연결된 상대를 배반하기가 쉬우며, 자신의 이익을 위해서라면 언제든 자신의 결정을 뒤바꿀 수 있는 존재라고 하였다. 마키아벨리는 군주가 이러한 인간의 이기적 본성을 이해한 상태에서 국가를 운영해야 한다고 생각했다. 어설픈 이타심, 동정심에 호소하여 국가를 운영해서는 안 된다고 보았다.

"군주는 짐승의 방법을 교묘히 사용할 필요가 있으며, 야수 중에서도 특히 여우와 사자의 성질을 필요에 따라 쓸 수 있어야 한다. 사자는 강하지만, 강함만으로는 올가미에서 자신을 지킬 수가 없고, 여우는 꾀가 많지만, 힘이 약해 늑대로부터 자기를 지키지 못한다. 따라서 올가미를 알아차리기 위해서는 여우일 필요가 있고 늑대를 놀라게 하기 위

해서는 사자일 필요가 있는 것이다." – 마키아벨리, 《군주론》

마키아벨리는 당시 국가를 신학이라는 관점에서 논의했던 방식에서 벗어나(국가와 군주 본연의 자세를 도덕과 윤리로부터 단절시키고), 보다 현실적으로 논하고자 했다. 《군주론》에서 그는 정치는 도덕과 구별되는 고유의 영역이라는 주장을 펼쳤다. 나라를 통치하기 위해서는 최종적으로는 힘의 행사가 중요하고, 분열된 이탈리아의 통일을 위해서, 군주는 강력한 리더십을 바탕으로 노련하게 권모술수를 부릴 수 있어야 한다는 것이다.

일각에서는 《군주론》이 군주의 행패를 비판적으로 풍자하기 위해 쓰였고, 마키아벨리가 가르치려 한 것은 군주가 아닌, 민중이라는 의견도 나온다.

"마키아벨리는 왕들을 가르치는 척했다.
그러나 그가 진정으로 가르쳤던 이들은 바로 대중이다."

– 장 자크 루소

18세기 유럽의 철학자 루소는 자신의 저서 《사회계약론》에서 마키아벨리가 상정한 독자는 군주가 아니라 대중이라고 하였다. 자유를 추구한 마키아벨리가 자신의 안녕과 평화를 한 사람에게 맡기는 것이 얼마나 위험한 일인지 대중들에게 알려주려고 이 책을 썼다고 본 것이다.

16세기의 금서, 21세기의 필독서

책 제목이 '군주론'이라고 해서 반드시 군주들에게만 도움이 되는 책 내용은 아니다. 오늘날 《군주론》이 자기계발서의 원조격이라 불리는 것은 다 이유가 있을 것이다. 지금은 개인 각자가 자신의 인생에서 군주이자 리더인 시대다. '나는 정치에 관심 없다.'라고 생각할지 모르겠지만, 정치가 꼭 나라의 국회에서만 벌어지는 일은 아니다. 가까이 회사에서도 사내 정치가 있고, 기타 모든 인간관계에는 정치가 있다. 당신은 군주로서 모든 인간관계에서 자기 자신을 지켜내야 한다.

마키아벨리의 《군주론》이 오늘날에는 적용되기 어렵다며, 비판하는 지식인들도 많지만, 인간 본성에 대한 부분은 오늘날에도 여전히 유효하다. 인간의 본성은 과거에도 지금도, 미래에도 변하지 않는 것이기 때문이다.

....

마키아벨리의 말

- 인간은 태어나면서부터 허영심이 강하고, 타인의 성공을 질투하기 쉬우며, 자신의 이익 추구에 대해서는 무한정한 탐욕을 지녔다.
- 자신을 보존하고자 하는 군주는 선하지 않게 행동하는 법을 배워 필요에 따라 그것을 사용하거나 사용하지 말아야 한다.
- 최악의 지도자는 잘못된 결정을 하는 게 아니라 아무 결정도 하지

않는 사람이다.

- 전투를 벌일 때 적을 속이는 것은 명예로운 행위다. 사람이 하는 일은 그 동기가 아니라 결과로 판정되어야 한다.

- 무장한 예언자는 한결같이 승리하고, 무장하지 않은 예언자는 한결같이 패망한다. 왜냐하면, 민중은 변덕이 심해서 말로 하는 설득으로 따라오지 못할 때는 힘으로 따라오게 만들 필요가 있기 때문이다.

베이컨 Bacon
아는 것이 힘이다

프란시스 베이컨(Francis Bacon, 1561 ~ 1626)

근세 영국 경험론의 선구자. 영국의 신학자이자 철학자이며, 근대과학의 선구자로 평가
받고 있다. 철학자 치고 출세욕이 대단했다고 하며, 실제 하원의원, 법무장관을 거쳐서
대법관이 되고, 베룰람의 남작, 자작이 되는 등 영귀한 생활을 하였다. 만년에는 수뢰사
건으로 은퇴하여 수년 동안 저술에 몰두하였다. 주요 저서로 《수필집》, 《학문의 진보》,
《신기관》 등이 있다.

우상론

　유럽의 16~17C는 과학혁명의 시대였다. 중세의 종교적 세계관에서 근대의 기계론적 세계관으로의 변화가 일어나고 있었다. 이러한 과학혁명에 중대한 이바지를 한 철학자 중 한 명이 바로 베이컨이다. 베이컨은 중세의 학문에 대해 상당히 회의적이었다. 중세의 학문은 과학적이기보다는 종교적 권위에 의존하고 있었고, 신비주의적이며, 자만에 빠져있었다. 그래서 그는 중세의 학문과 단절해야한다고 생각했고, 과거 아리스토텔레스의 논리학을 대체하는 새로운 논리학을 제시하겠다는 의미로 《신기관》이라는 책을 저술했다. 여기서 베이컨의 주장은 두 가지로 정리할 수 있는데, 히나는 낡은 편견으로부터 벗어나는 것, 다른 하나는 새로운 과학적 방법론으로 귀납법을 채택하자는 것이다. 귀납법에 대해서는 뒤에서 다루고, 여기에선 낡은 편견으로부터 벗어나는 방법에 대해 다루고자 한다. 그는 중세의 학문과 단절하기 위해서는 마음속의 우상을 파괴해야 한다고 주장했다. 과학적 연구를 성공적으로 수행하는 데, 방해가 되는 여러 편견 또는 선입견을 '우상'이라고 한다.

　그는 우상을 네 가지 종류로 정리했다.

1. 종족의 우상

이것은 인간이라는 종족, 즉 인간이기 때문에 인간의 관점으로 세상을 바라보다 보니 발생하는 편견을 말한다.

고양이는 고양이의 방식대로 세상을 바라보고, 개는 개의 방식대로 세상을 바라본다. 그런데 인간은 인간의 입장에서 자연을 바라보기 때문에, 판단에 오류가 생기는 경우가 많다.

가령 인간은 자기들이 목적적인 행동을 한다고 해서, 자연도 마찬가지로 일정한 목적을 가지고 변화, 발전해간다고 생각하는 것이다. 단순한 자연현상이나, 동물의 행동에도 자신의 감정이나 의지를 개입해서 해석하는 것이다.

2. 동굴의 우상

인간은 모두 자신만의 세계 속에서 살아가고 있다. 마치, 우물 속의 개구리처럼 자신만의 편견에 갇혀, 세상을 바로 보지 못하는 것이다. 여기에는 각 개인 간의 교육 수준의 차이, 성향과 기호의 차이, 직업의 차이, 가치관의 차이 등 가지각색 개인차가 작용한다.

3. 시장의 우상

인간이 언어를 사용함으로 인해 발생하는 편견을 말한다. 시장은 사람들이 많이 모이는 곳이다. 여기서 사람들은 물건을 사고파는 등의 행위를 한다. 그리고 이러한 거래는 언어를 매개로 하여 이루어진다. 시장의 우상이란 언어 사용에 따르는 편견을 말한다. 언어는 한갓 기호에 불과함에도, 우리는 이 기호에 집착하여 이 기호에 대응하는 것이 실재한다고 생각하기 쉽다. 어떠한 개념에 대해 계속 언급하거나 듣고 있다 보면, 마치 그것이 실제로 존재하는 것 같은 착각에 빠지게 된다.

4. 극장의 우상

이것은 권위와 전통에 호소하여 발생하는 폐단을 말한다.

극장에서 연출되는 각본은 사실보다 더 우아하고 그럴듯하게 꾸며져 있다. 전통적인 학설이나 권위 있는 체계란 이러한 잘 짜여진 각본과도 같다.

가령, 직장 동료 입에서 나온 말에서는 전혀 무게가 느껴지지 않지만, 그것이 아인슈타인의 말이었다고 한다면, 다시 그 말을 음미해보는 수밖에 없을 것이다. 기존의 권위와 전통에는 탄탄한 믿음이 형성되어있기 때문에, 이에 반하는 새로운 주장을 펼치는 것은 매우 어려울 것이다.

베이컨은 모든 우상과 편견을 버리고 사실의 세계, 경험의 세계로 돌아갈 것을 권유한다.

귀납법, 아는 것이 힘이다

참된 학문 연구는 먼저 관찰과 실험을 통해 사실을 수집하고 다음에 이 사실들의 원인과 법칙을 발견하는 데 있다. 이를 귀납법이라고 한다. 베이컨은 귀납법이 자연연구의 참된 방법임을 역설한다.

종전의 연역법은 무용한 것이다. 삼단논법은 결론이 필연적으로 참이지만, 이미 다 아는 진리를 새로이 배열하는 데 그치며 따라서 그것은 설명의 논리에 불과하다. 그러나 귀납법은 경험에 호소하며 지식의 자료를 얻어낸다. 지식의 자료를 얻어냄으로써 우리는 자연에 대한 법칙을 발견해 낼 수 있다. 자연의 법칙을 앎으로써 우리는 자연을 지배할 수 있는 힘을 가지게 되고, 인류 문화는 발전하게 된다.

보다 명확한 이해를 위해 연역법과 귀납법을 예시를 통해 비교해 보자.

연역이란 전제가 결론을 필연적으로 보장한다.(확실성 100%)

귀납이란 전제가 결론을 개연적으로 보장한다.(확실성이 100%는 아님)

【연역】

전제 1: 모든 사람은 죽는다.

전제 2: 소크라테스는 사람이다.

결론: 소크라테스는 죽는다.

【귀납】

전제 1: 소크라테스는 죽는다.

전제 2: 플라톤은 죽는다.

전제 3: 아리스토텔레스는 죽는다.

결론: 모든 사람은 죽는다.

'연역'의 예시에서 모든 사람은 죽는다는 전제가, 결론을 필연적으로 보장함을 알 수 있다.

반면, '귀납'의 예시의 경우, 아무리 많은 전제가 깔려도 결론을 필연적으로 보장하진 못한다. 단지 결론의 '개연성'을 보장할 뿐이다.

그렇다면, 확실성 100%를 보장하는 연역논증이 귀납논증보다 더 우월한 논증법일까?

연역논증의 장점은 결론이 필연적이라는 것이다. 하지만 그것은 곧 단점이기도 하다. 애초에 결론이 필연적으로 참일 수 있는 것은 이미 결론이 전제에 포함되어 전제를 벗어날 수 없는 구조이기 때문이다. 다시 말해, 연역논증은 우리가 전제를 통해 이미 알고 있는 사실을, 반복해서 도출하는 것에 지나지 않는다. 반면, 귀납논증은 도출된 결론이 거짓일 가능성이 존재하지만, 우리가 알지 못했던 새로운 정보라는 점에서 가치가 있는 것이다.

- 아는 것이 힘이다.

- 꿀벌이 꽃에서 꿀을 걸러내듯, 인간은 습득한 지식을 토대로 하여 새로운 자기만의 학문을 창조해야 한다.

- 항상 해오던 일을 하면 항상 얻던 것만 얻게 된다.

- 누구도 달성해내지 못한 성취는 누구도 시도한 적 없는 방법을 통해서만 가능하다.

- 어떤 책은 맛을 봐야 하고, 어떤 책은 삼켜야 하며, 어떤 책은 씹고 소화해야 한다.

데카르트 Descartes

나는 생각한다. 고로 나는 존재한다

르네 데카르트(Rene Descartes, 1596 ~ 1650)

프랑스의 수학자이자 철학자다. 근대 철학의 아버지라고 불리며, 해석 기하학을 창시한

인물이다. 그는 아침형 인간은 아니었다. 건강이 좋지 못해 늦은 시간까지 잠을 자야 했

기 때문이다. 1650년 여왕의 초청을 받아 스웨덴을 갔지만, 이후 익숙하지 않은 궁정생

활에 적응하지 못하고 지독한 감기에 걸려 폐렴으로 숨을 거두었다. 주요저서로 《방법서

설》이 있다.

중세와 근대 사이에서 태어난 철학자

데카르트는 중세에서 근대로 넘어오는 과도기에 태어난 철학자다. 중세는 서로마 제국이 멸망한 5세기부터 15세기까지 약 1,000년의 세월을 이르는 말이다. 이 시기 유럽에선 철학, 예술, 과학, 정치 등 모든 것이 신과 종교의 영향력하에 있었다. 인간의 자유로운 상상력과 학문적 탐구는 제약을 받을 수밖에 없었다. 그래서 일부 학자들이 중세를 '암흑기'라고 표현하는 것이다.

중세 후기 14~15세기경에는 이탈리아를 중심으로 '르네상스(Renaissance)'라 불리는 문예 부흥 운동이 일어났다. 르네상스는 '재탄생'이라는 뜻을 가진 단어이다. 당대의 지식인들은 중세 이전의 시기, 즉 고대 그리스·로마 시대의 문화에서 이상적 인간형을 재발견하고자 했다. '신'을 중심으로 사고하던 중세의 영향에서 벗어나 다시금 '인간'에 주목하고자 한 것이다.

'인문주의' 혹은 '휴머니즘적 사고'를 골자로 하는 이탈리아 지식인들의 르네상스적 사고는 이내 유럽 사회 전역으로 퍼져 나갔고 이로써, '인간'을 중심으로 하는 세계, 즉 '근대'의 문이 열렸다. 근대의 문이 열리자 그동안 신과 교회의 영향력 아래에서 제약을 받았던 학문들이 급속도로 발전하기 시작했다. 대표적인 것은 '과학' 분야였다.

특히 데카르트가 살아간 17세기는 교회의 교리와 과학적 발견과 성취가 서로 대립을 이루던 시기였다. 아이작 뉴턴은 만유인력, 미분과 적분 등 위대한 과학적 성취를 이뤄냈고, 코페르니쿠스는 태양 중심설을 제기했으며, 갈릴레오 갈릴레이가 망원경으로 천체를 관측하고 지동설을 주장했다. 이들의 위대한 과학적 업적들은 인간에게 강한 자신감을 심어주었으며, 인식론의 형성과 발달을 가져왔다.

데카르트 역시 시대의 흐름을 감지하였고, 그는 중세가 아닌 근대를 선택했다. 1628년 네덜란드로 이주한 이후, 약 20년간 이곳에 머물며 대부분의 저작을 완성했다. 네덜란드에서 처음 5년째, 그는 형이상학에 대한 짧은 논문과 저작 《세계와 빛에 관한 논고》를 내놓았다. 하지만 지동설을 주장했던 갈릴레이가 종교 재판에 회부되어 유죄 판결을 받는 모습을 보고는 자기 원고를 다시 책상 속에 넣어두었다. 그는 교회와의 불화를 원치 않았으며, 또한 모든 것을 감내하고 자신의 저서를 출판한다고 해도 아직은 그것이 온전하게 받아들여질 수 없는 시대임을 알았기 때문이다.

1637년에는 《방법서설》이라는 책을 출간하는데, 정식 제목은 '이성을 올바르게 인도하고, 모든 학문에서 진리를 탐구하기 위한 방법의 서설'이다. 이 책의 흥미로운 점은 저자의 이름을 밝히지 않고 출간했다는 점, 지식인들보다는 일반 대중을 염두에 두고 라틴어가 아닌 프랑스어로 저술했다는 점이다. 《방법서설》에 대해서는 뒤에서 더 자세히 설명하기로 한다.

서양 철학사에서 데카르트의 업적은 주체적 인간의 등장을 알렸다는 것에 있다. 앞서 설명한 것처럼 데카르트 이전의 중세시대는 신 중심의 사회였다. 인간의 이성도 신의 존재를 증명하는 데 소용이 있을 뿐이었다. 하지만 데카르트는 그 중심에 인간과 인간의 이성을 둠으로써 철학을 '신학의 시녀'라는 굴레에서 벗어나게 해주었다. 합리론이란 인간의 이성이 세상을 인식하고 파악하는 제1의 근원이라는 주장이다. 인간이 경험하는 감각은 지식을 제공할 수 없다. 그것은 불완전하고 믿을 만한 것이 못 되기 때문이다. 하지만 이성은 신이 자신을 닮은 인간에게 제공한 본유관념에 기초한 것이기에 믿을 수 있다. 그런 점에서 데카르트의 사유는 플라톤과 신플라톤주의, 중세철학과 맥을 같이하고 있다고 볼 수 있다. 하지만 데카르트가 근대 이전의 철학자들과 다른 점은 인간을 중심에 두었다는 점이다. 데카르트는 인간은 이성을 온전하게 사용함으로써 진리에 다가갈 힘이 있다는 믿음을 심어주었으며, 이성을 통해 주체성을 회복한 인간은 과학을 발전시키고, 세계를 지배하는 존재자로 우뚝 서게 되었다.

방법론적 회의

"나는 내가 어릴 적부터 많은 거짓된 견해들을 참된 것 마냥 받아들여 왔고, 그런 원칙들에 근거하여 쌓아올린 지식이 매우 의심스럽다는 것을 여러 해 전에 깨달았다. 그래서 학문에서 어떤 확고부동한 것을 세우려고 한다면, 일생에 한 번은 지금까지 믿어온 모든 것을 철저하게 버리고 아주 기초부터 새롭게 시작해야 할 필요를 느꼈다. (…) 나는 세상에는 하늘도, 땅도, 정신도, 육체도 없다고 스스로를 설득했다. 그러면 나 역시도 존재하지 않는다고 설득된 것 아닐까? 그렇지 않다.

내가 무엇인가를 스스로에게 설득했다면, 나는 확실히 존재했을 것이다. 나를 속이는 사악한 악마가 있다고 해도 나는 틀림없이 존재한다. 그 악마가 온 힘을 다해 나를 속인다고 해도, 내가 나는 어떤 것이라고 생각하는 한, 그는 나를 아예 없게 만들 수는 없다. 이렇듯 모든 것을 깊이 숙고해보건대, '나는 생각한다, 그래서 나는 존재한다'는 명제야말로 매번 생각이 들거나 생각을 할 때마다 반드시 참일 수밖에 없다." – 데기르트, 《성찰》

데카르트는 사람들이 갖는 지식의 체계를 검토하며, 더 이상 의심의 여지가 없을 때까지 의도적으로 계속 의심하는데 이러한 방법론을 방법적 회의라고 한다. 즉, '방법적 회의'란, 인간은 절대적으로 확실한 것을 인식할 수 없다고 하는 회의가 아니라, 절대적으로 확실한 인식을 찾기 위한 방법으로서의 회의이다.

감각은 인간을 때때로 기만하므로, 감각으로 얻은 정보를 확신할 수 없다. 내가 사실은 꿈속에서 커피를 마시고 있는 것인데, 내가 지금 커피를 마시고 있다고 생각할 수 있는 것이다. 혀로 느끼고 있는 커피의 맛에 대한 정보도 꿈을 꾸고 있는 경우와 현실의 경우를 구분할 수 없으므로, 의심이 가능하다.

감각적인 것이 아닌 이성을 통한 추론도 마찬가지다. 이를테면 2+3이 원래는 6인데, 어떤 악마적 존재가 나를 기만하여, 2+3이 5라고 생각하게 만들 수 있는 것이다. 내가 지금 악마에 의해 사유가 조종당하고 있을지 검토하는 것은 불가능하다. 하지만, 그 어떤 의심을 하고 상상을 하든, 결국 그것은 내가 하는 것이다. 내가 악마에게 속는 경우라도, 속기 위해서는 '나'라는 존재는 반드시 있어야 한다. 그러므로 사유의 존재가 결론적으로 나의 존재를 입증한다. 곧 '나는 존재한다'는 명제는 의심할래야 의심할 수가 없다는 것이다.

방법서설, 진리에 도달하기 위한 방법론

"그것을 사유하는 나는 필연적으로 어떤 것이어야 한다는 것에 주의했다. 그리고 나는 사유한다. 그러므로 나는 존재한다는 이 진리는 너무나 확고하고 너무나 확실해서 회의주의자들의 가장 과도한 모든 억측들도 흔들 수 없다." – 데카르트, 《방법서설》

진리에 도달하기 위해 조금이라도 불확실한 것은 모두 의심해 보아야 한다는 문제의식에서 출발하여 세계의 모든 것은 의심스럽지만, 의심하고 있는 자신의 존재만은 의심할 수 없다는 결론을 이 책에서 내렸다. 그렇게 "나는 생각한다, 고로 나는 존재한다."라는 말은 가장 흔들림 없는 철학의 제1원리가 되었다. 데카르트는 철학의 제1원리를 토대로 자연학과 정치학, 의학 등 다양한 학문의 기초를 다지려 하였다.

《방법서설》은 대중을 염두에 둔 책인 만큼 독자들에 대한 배려가 가득하다. 하나하나 차근차근 설명해 주는 서술방식에서 세심함이 묻어난다. 이 책을 프랑스어로 집필한 것 역시, 당시로서 파격적인 일이었다. 그 당시 학문적 권위를 중시했던 지식인들은 라틴어를 사용해 책을 집필하는 것이 일반적이었으나, 데카르트는 지적 허영을 싫어하였고, 프랑스어를 사용하는 다수의 대중들에게도 지식을 전파하고자 프랑스어로 책을 집필한 것이다.

데카르트는 《방법서설》에서 이성을 잘 인도하고 학문에서 진리를 찾기 위한 방법론을 확립하여 제시하였다.

제1부는 여러 학문들이 탄탄하지 못한 기초 위에 서있음을 지적하고 있다. 특히 뭇 학문들은 철학에 그 원리를 기초하고 있는데 철학에 있어서는 여러 논쟁만 있을 뿐 참되어 보이는 것은 없다고 생각하였다.

제2부는 방법서설의 핵심인 방법의 주요 규칙이 쓰여 있다. 여기서 '방법'이란 이성으로 가능한 모든 것의 인식에 도달하는 방법을 말하는데 다음 4가지로 요약될 수 있다.

첫째, 의심할 수 없을 정도로 확실하게 드러난 것 외에는 어떤 것도 참으로 받아들이지 말 것. 둘째, 어려운 문제를 해결하기 위해서는 쪼개서 탐구할 것. 셋째, 순서대로 생각하되, 가장 단순하고 알기 쉬운 것으로부터 시작해 복잡한 것에 다가갈 것. 넷째, 문제의 요소들을 다 열거하고 그 중 하나라도 빠뜨리지 말 것.

* 데카르트는 이런 규칙들을 철학 연구에 적용하여 철학을 새롭게 세우려 하였다.

제3부에서는 이성을 통해 뭇 학문들의 기초인 철학의 부실한 구조를 허물고 기초를 다시 탄탄히 쌓을 때, (판단하지 못하는 상황을 대비해) 임시로 도덕 규칙을 마련하고 있다. 첫째는 조국의 법률과 관습에 복종할 것, 종교를 지킬 것, 다른 모든 일에서는 현인들이 받아들이는 온건하고 극단에서 먼 의견들을 따를 것. 둘째는 행동과 태도를 확실히 할 것과 의심스러운 것도 받아들이면 어디까지나 따를 것, 셋째는 균형과 세계를 바꾸려고 하기 보다는 자기 자신의 욕망을 바꿀 것을 제시하였다.

제4부에는 데카르트의 형이상학의 기초가 되는 신과 인간 정신의 현존을 증명하는 여러 근거들에 관한 내용이 있다. 의심하는 내가 있고 이런 나는 불완전한 존재이나 완전성이란 관념을 갖고 있으므로 이런 완전성을 가진 존재는 필연적으로 있다는 것이다. 이런 존재는 감각으로 인식되는 대상이 아니며 오직 이성에 의해서만 파악이 가능하다는 것이 데카르트의 주장이다.

제5부에는 첫 번째 진리들로부터 연역해 낸 자연법칙, 즉 자연학 관련 탐구의 내용을 다룬다. 그는 인간 영혼과 동물 영혼의 차이점에 대해 설명했다. 동물은 말을 사용하거나, 말을 꾸며서 다르게 표현하는 등의 일을 할 수 없다. 또한 특정한 기능을 수행할 뿐, 다른 어떤 일들은 결코 할 수 없다. 그러므로 동물은 정신을 가지고 있지 않으며 마치 태엽을 돌려 기관의 배치에 따라 움직여지는 것과 같다. 그러므로 짐승들의 영혼과 우리들의 영혼은 동일한 성질의 것이 아니며 우리의 영혼이 신체로부터 독립된 성질의 것이요, 따라서 신체가 죽는다고 같이 죽는 것이 아닌 불사(不死) 임을 알 수 있다는 것이다.

제6부는 그가 자연학으로부터 획득한 몇 가지 일반적 원리들을 다른 특수한 문제에도 적용하면서 이 원리들의 효용을 논했다. 특히 의학의 발전을 꾀하고 있으며, 이 책을 집필한 이유도 서술하였다.

심신이원론, 정신과 육체의 구분

서구의 전통에서 육체는 정신에 비해 늘 찬밥신세였다.

정신이야말로 인간의 본질이며 진정한 '나'라고 믿었던 것이다. 신체는 단지, 불완전한 감각기관에 지나지 않았다. 정신이 오류를 범하면 사람들은 그 원인을 육체의 불완전성에서 찾고는 했다. 불완전한 감각기관인 육체가 잘못된 감각 정보를 정신에 전달했기 때문에 정신이 오류를 범했다는 것이다. 그래서 서구에서는 철저히 인간을 정신과 육체로 구분하고 전자에는 불멸성과 완전성의 지위를 후자에는 흙으로 돌아갈 불완전성의 지위를 부여하고 후자를 극복의 대상으로만 보았다. 이를 더욱 심화시킨 철학자는 데카르트다. 그는 인간의 신체를 정밀한 기계로 보았다. 다시 말해 정신과 분리된 신체는 그 자체로 고깃덩어리에 지나지 않는 것이다. 이 데카르트의 영향을 받은 철학자들은 감각으로부터 철저히 분리된 순수인식으로 나아가 진리를 구하고자 했다.

데카르트는 육체 없이 정신만 존재하는 상황을 상상했다. 데카르트는 육체와 정신이 서로 다른 존재라고 주장했다. 정신은 사유하지만 공간을 차지하지는 않고, 물체는 공간을 차지하는 연장선이라는 성질이 있지만 사유하지는 않는다. 인간은 두 실체의 영역에 걸쳐 있다. 물론 정신과 육체가 따로 작동하는 것은 아니다. 정신과 육체는 서로 연결되어 작동한다.

인간은 정신과 육체를 가졌는데 그것들이 따로 놀면 문제가 생기기 때문이다. 이 문제를 해결하기 위해 데카르트가 제시한 것이 '송과선'이라는 독특한 기관이다. 우리 뇌의 한 가운데에 송과선이라는 기관이 있는데 여기서 정신과 육체를 연결하는 작용이 일어난다는 것이다. 물론 송과선이 그런 역할을 하는 지는 아직 알려진 바가 없다. 이 점 또한 '악령의 존재'와 같이 데카르트가 비판 받는 부분 중 하나다.

- 나는 생각한다 고로 나는 존재한다.

- 진정 진리를 추구하려면 최소한 인생에 한 번은 가능한 한 모든 것
  에 대해서 의심을 품어봐야 한다.

- 우리가 상상할 수 있는 모든 이상하고 믿기 어려운 것은 이미 철학
  자가 이야기한 적이 있는 것들이다.

- 좋은 책을 읽는 것은 과거 몇 세기의 가장 훌륭한 사람들과 이야기
  를 나누는 것과 같다.

스피노자 Spinoza
모든 것이 신이다

바뤼흐 스피노자(Baruch Spinoza, 1632 ~ 1677)

네덜란드 태생의 포르투갈계 유대인 철학자다. 어린 시절 유대 철학과 신학을 공부했으며, 전도유망한 랍비 후보자이기도 했으나, 자연과학과 데카르트 철학의 영향을 받으며 자신만의 독자적인 사상을 완성해나갔고, 그 사상이 유대인 공동체와 갈등을 빚어 파문을 당했다. 그 후로 렌즈 깎는 일에 종사하며 생계를 유지해 나갔지만, 렌즈 가루로 인해 폐가 상하여 요절하고 만다. 어떠한 압력에도 자신의 철학적 소신을 굽히지 않는 그의 모습은 후대의 철학자들에게 많은 본보기가 되고 있다. 저서로는 《에티카》를 남겼다.

파문 앞에서도 당당한 철학자

"그는 낮에도 저주받고 밤에도 저주받을 것이다. 잠잘 때도 저주받고 일어날 때도 저주받을 것이다. 주님께서 그를 용서하지 않을 것이고 인정도 하지 않을 것이다. 주님께서 항상 그의 죄에 노여워하실 것이다. 율법서에 기록된 모든 저주가 그를 덮쳐 그의 이름을 이 세상에서 지워버릴 것이다." – 1656년 7월 27일, 스피노자가 유대교회의 종교의식에 따라 파문되었을 때. 파문 문서 내용 중에서.

1656년 7월 27일 전도유망한 20대 초반의 한 젊은이가 파문을 당했다. 그 내용은 너무도 살인하다. 대체 이 젊은이가 어떠한 죄를 지었기에 이토록 무서운 저주를 받아야 한다는 말인가.

이유는 간단하다. 이 젊은이가 유대교의 교리를 벗어나 자신의 사상을 펼쳤기 때문이다. 스피노자는 그리스도교가 말하는 인격신(인간처럼 분노도 하고 사랑도 하는 신)을 부정했다. 그리스도교가 믿고 있는 신을 인격신이라고 하는데, 거기에서 신은 지혜롭고 덕이 있으며, 권세를 지녔다는 등의 초월적 모습으로 묘사된다. 이러한 신은 인간이 자신을 따르게 하고, 인간들로부터 감사와 존경을 받기 위해 신이 모든 것을 만들었다고 믿게 만든다. 하지만 스피노자는 이러한 인격신이라는 것은 한낱 상상력의 산물에 불과하다고 생각했다.

당연히, 그는 신을 부정했다는 이유로 유대교 사회에서 불경건한 무신론자의 낙인이 찍혔다.

자신의 생각을 굽히면 그 대가로 두둑한 연금을 주겠다는 회유도 받았지만, 스피노자는 자신의 태도를 바꾸지 않았다. 자신의 신념을 지키는 것이 더 중요하다고 믿었기 때문이다. 하지만 파문이후 당장 생계를 걱정할 처지가 되었다. 당시 유대인은 관리가 될 수 없었으므로, 유대인 사회에서 파문당해 쫓겨난다는 것은 곧 생계 수단을 잃는 것을 의미했다. 아무도 파문당한 사람과 거래하지 않을 것이기 때문이다.

이후 스피노자는 렌즈 깎는 기술을 배운 뒤, 테러 위협을 피해 암스테르담 근교의 작은 마을 외딴집 다락방에 숨어들었다. 스피노자는 그곳에서 렌즈 깎는 일로 간간이 생계를 유지하다 44세의 이른 나이에 생을 마감했다고 한다(렌즈가루가 폐병을 일으켰다고 추측하는 사람들이 많다).

그는 당시 인간 사회로부터 소외당했다. 그와 말을 섞는 것은 금지되었고, 기독교적 신을 모욕한 그의 책 역시 금서로 지정되었다. 하지만 그는 물욕이 없었고 고독을 즐기는 성격이었기에 렌즈 가공을 하고 남는 시간엔 책상에 조용히 앉아 책을 읽거나 철학을 연구했다.

그가 집필한 두 권의 책이 금서로 지정되었고, 책을 인쇄하거나 유포하는 자는 엄벌을 내리겠다는 명령이 선포되기도 했지만, 이 일은 오히려 그를 더 유명하게 만들었다. 그 책들이 표지와 이름만 바뀐 채 팔려나가기 시작했던 것이다. 생전에 그의 이름으로 출간한 책은 《데카르트 철학의 원리》가 유일하다. 의도치 않았지만, 그는 이 책으로 인해 데카르트 전문가라는 명성을 얻었다.

모든 것이 신이다

스피노자는 그리스도교가 말하는 인격신(인간처럼 분노도 하고 사랑도 하는 신)을 부정했다. 그러나 그가 신의 존재까지 부정한 것은 아니다. 그는 분명 죽는 순간까지 신에 심취해 있었다. 단지 그가 생각한 신이 기독교적 신과 거리가 멀었을 뿐이다. 스피노자가 말하는 신은 어떤 신일까? 대부분의 종교는 신이 세계의 바깥 어딘가에, 아마도 하늘나라에 존재한다고 가르친다. 그런데 스피노자는 자연이 곧 신이고 신이 곧 자연이라고 했다. 이것은 범신론이다.

범신론은 자연의 밖에 존재하는 인격적인 초월자를 인정하지 않고, 우주와 자연에 존재하는 모든 것이 신의 발현이며, 그 속에 신이 내재하여 있다고 보는 관점이다. 다시 말해, 세계 밖에 별도로 인격적인 신이 존재하는 게 아니라, 현재 존재하는 우주, 세계, 자연의 모든 것과 자연법칙을 신이라고 하거나 그러한 세계 안에 하나의 신이 내재되어 있다고 보는 철학이다.

"나는 존재하는 모든 것의 법칙적 조화로 스스로를 드러내는 스피노

자의 신은 믿지만, 인류의 운명과 행동에 관여하는 (인격적) 신은 믿지 않습니다." – 알버트 아인슈타인

그래서 스피노자가 말한 '신에 대한 지적 사랑'이란 이 우주의 궁극적 실체인 우주의 필연적 원리에 대한 지적 인식을 말한다. 자연의 법칙, 세계의 질서, 우주의 원리, 이러한 것들은 우리 눈에 보이지 않지만, 이 세계의 배후에서 이 세계를 지배하는 원리이다. 이것이 바로 신이고 이러한 원리를 올바로 인식하는 것이 바로 신에 대한 사랑이다.

그렇다면 인간, 동물, 식물, 물질 등은 무엇일까? 스피노자는 그것을 신의 양태라고 생각했다. 물질도 인간도, 사랑과 욕망도 모두 신이 이 세상에 나타난 그 변형물인 것이다. 세계에 존재하는 모든 것이 신의 발현이며, 그 속에 신이 내재되어 있다.

데카르트와 스피노자

데카르트와 스피노자는 모두 이성의 힘으로 세상을 이해하려 했던 합리주의자다. 철학에 대한 합리주의적 접근의 유사성에도 불구하고 그들의 신념에는 많은 차이가 있었다.

데카르트는 모든 것을 의심하고 질문하는 개인의 능력의 중요성을 강조한 반면, 스피노자는 모든 것의 상호 연관성과 현실에 대한

포괄적인 이해의 중요성을 믿었다.

또한 데카르트는 인간의 마음이 몸과 분리되어 있다고 믿었지만, 스피노자는 실체가 오직 하나라고 주장했다.

데카르트는 정신과 육체가 독립적으로 존재한다고 생각했는데, 이러한 생각을 심신이원론이라고 한다. 하지만 이에 따르면 두 실체 사이의 연관성과 작동원리를 설명하기가 곤란해진다(데카르트는 우리 뇌의 한가운데에 송과선이라는 기관이 있고, 여기서 정신과 육체를 연결하는 작용이 일어난다고 했지만, 이에 대해선 비판의 목소리가 많다). 만약 누군가가 살인을 저질렀다고 해보자. 그럼 살인은 그 사람의 육체가 저지른 것일까, 정신이 저지른 것일까? 분리된 실체 사이에서 명확한 책임을 규명해내지 못하는 문제에 직면하게 된다. 또한, 인간을 이성을 사용하여 진리에 다가갈 수 있는 고차원적 존재로 묘사하다 보니, 사유능력이 없는 모든 동식물이 미물로 격하되어 버린다. 인간이 자연의 모든 것을 지배하는 것이 당연하게 되는 것이다.

스피노자는 데카르트와 다른 주장을 펼쳤는데, 그는 실체가 오직 하나라고 주장했다. 여기서 하나뿐인 실체는 '자연'을 의미한다. 자연은 모든 것의 원인이며, 모든 것 안에 내재해 있는 것이다. 인간뿐만 아니라 우리가 일상에서 마주하는 나무, 풀, 개, 고양이는 어떻게 존재하게 된 것일까? 스피노자는 이에 대해 "실체가 양태로 표현된 것이다."라고 말한다. 양태란 자연이 표현되는 다양한 방식을 일컫는다. 이 개념에 따르면, 사람, 나무, 풀, 돌, 개, 고양이, 사슴 등은 모두 양태의 일부라고 할 수 있다. 또한, 실체는 곧 신이자 자연이다. 이것이 스피노자의 실체론이 범신론으로 이해되는 이유가 된다.

데카르트는 인격적인 신을 믿었고 스피노자는 신과 자연이 같은 것이라고 믿었다. 그래서 스피노자의 철학은 논란의 여지가 많았고 당시의 많은 종교 지도자들에 의해 이단으로 간주되었던 것이다.

결과적으로, 데카르트의 사상은 현대 철학과 과학의 토대를 마련한 반면, 스피노자의 철학은 전통적인 종교적 신념에 도전하고 현대 정치 이론의 발전에 영향을 미쳤다고 평가할 수 있다.

철학을 하려거든 먼저, 스피노자를 공부하라

앞서 설명했듯, 스피노자의 사상은 종교 지도자들에 의해 이단으로 간주되었고, 그의 저서는 대부분 금서로 공표되었다. 하지만 어떠한 압력에도 자신의 철학적 소신을 굽히지 않는 그의 모습은 후대의 철학자들에게 많은 귀감이 되고 있다. 대표적 인물이 바로 게오르크 헤겔이다. 헤겔은 실체는 오로지 하나라는 스피노자의 주장을 받아들였고, 스피노자의 실체에 자신의 '절대정신'이라는 개념을 대입했다. 헤겔은 각 시대마다 절대정신이 다양한 형태로 자신의 모습을 드러낸다고 설명했다. 헤겔은 스스로 스피노자의 제자를 자처했으며, 자신이 가르치던 학생들에겐 철학자가 되기 위해서는 먼저 스피노자에 대해 공부해야 한다고 말했다.

....

스피노자의 말

- 신은 만물에 내재하며 만물의 일시적인 원인이 아니다.
- 완전한 이성에 따라 (본인의 의지만으로) 자유로이 동의할 수 있는 사람만이 지유롭다.
- 무엇이든 자연에 반하는 것은 이성에 반하는 것이며 이성에 반하는 그 모든 것은 불합리하다.
- 같은 것이라도 동시에 좋거나 나쁘거나 그저 그럴 수 있다. 예를 들면 음악은 우울한 이에게는 좋은 것이고 슬픈 사람에게는 나쁜 것이며 귀가 먼 사람에게는 좋지도 나쁘지도 않다.

토마스 홉스 Thomas Hobbes
군주의 권력은 민중들의 신약을 통해 탄생했다

토마스 홉스(Thomas Hobbes, 1588 ~ 1679)

영국의 정치 철학자이자 사회계약론자다. 근대 자유주의의 맹아를 제공한 것으로 평가받

는 인물이다. 자연 상태를 만인의 만인에 대한 투쟁 상태로 규정했으며, 이를 극복하기

위해 구성원끼리 사회적인 계약을 맺고 국가에 권력을 이양한 것이라고 주장했다. 이는

신이 왕에게 신성한 권력을 부여했다는 왕권신수설에 배치되는 것으로, 당시로서는 꽤나

혁명적인 관점이라 볼 수 있다. 남긴 저서로는 《리바이어던》, 《시민론》, 《인간론》이 있

다.

리바이어던

홉스의 《리바이어던》은 성서에 등장하는 괴물의 이름에서 따온
것이다. 이 책에는 자연권을 양도받은 절대군주(리바이어던)에게는
종교도 복종해야 한다는 그의 사상이 담겨 있다. 수학과 물리학이
가장 정확한 지식이라고 생각했던 홉스는 이 세계가 물질에 의하여
구성되고, 인과법칙에 따라 움직인다는 자연과학의 세계관을 받아
들였다. 그리고 이것을 인간에게도 적용하여 다음과 같이 생각했다.

 – 물체의 본질은 자기보존에 있다.

 – 인간도 물체다.

 – 따라서 인간은 자기를 보존하기 위해 이기적, 즉 비사회적으로 행동한다.

괴물 리바이어던은 그림에서 한 명의 거인으로 묘사되곤 한다. 그 거인은
왕관을 쓰고 있으며, 양손에는 칼과 지팡이를 들고 있다. 칼과 지팡이는
각각 왕과 교황의 권력을 상징하는 물건이다.

이 세 가지 조건이 인간의 초기 상태이다. 이때 모든 개인은 자기를 보존하기 위하여 자기 마음대로 행동할 권리를 가지고 있다. 이것을 자연권이라고 한다. 그러나 만약 각자가 자연권을 무제한으로 행사할 수 있다면 어떻게 될까? 자기에게 필요한 것을 얻기 위해 다른 사람의 물건을 훔치거나, 살인을 저지르면, 사람은 결국 불안에 떨게 될 것이다. 자기가 다른 사람의 물건을 강탈한 만큼 자신의 재산도 보장받을 수 없게 되기 때문이다. 무제한적인 자유는 곧 무제한적인 공포가 되어 돌아온다. 만인의 만인에 대한 투쟁이 시작되면, 모든 인간은 폭력과 공포에 노출된 생활을 해야 할 것이다.

그래서 사람들은 이처럼 비참한 상태에서 벗어나기 위해 결국, 자신의 자연권을 억제하기로 했다. 사람들은 자신의 자연권을 포기하는 계약을 맺음과 동시에 이것이 모두에게 지켜질 수 있도록 국가(강제력)를 수립한 것이다. 수많은 개인들의 얼굴이 뭉쳐서 만들어진 리바이어던이라는 거인은 바로 홉스가 묘사한 국가의 모습이다. 인간은 이제 자연권을 국가에 양도하여, 제한적인 자유 속에서 공포를 제한할 수 있게 되었다. 살인의 자유를 국가에 양도함으로써, 살해의 위협도 제한된 것이다. 이제 모든 사람은 국가에 종속되어, 질서와 생활의 안정을 보장받는다.

하지만 인간은 이기적이고 자기 욕망을 가장 중시하기 때문에, 이 계약은 언제든지 파기될 가능성이 있다. 여기서 국가는 그 권력과 강제력이 절대적일 필요가 생겨난다. 그래서 홉스는 군주가 국가의 통치권을 장악하여 절대 권력을 보유하고 인민을 절대적으로 복종시킬 전제 군주제를 옹호하였다. 즉, 홉스는 원칙적으로 국민들의 저항권을 인정하지 않았다고 볼 수 있다(생명권 침해에 대해서는 예외). 그럼에도 불구하고 홉스에게 있어 군주가 휘두르는 강력한 권력은 결국 민중들의 신약을 통해 탄생한 것이다.

결국, 왕이라는 존재는 자기 자신을 보호하려는 민중이 만든 것이다. 이는 신이 왕에게 신성한 권력을 부여했다는 왕권신수설을 정면 반박하는 것으로, 당시로서는 꽤나 혁명적인 관점이라 볼 수 있다. 하지만 홉스는 결과적으로 왕권 강화에 동조한 인물로 평가받는다. 그의 말마따나 왕의 권력이 신에게서 나온 것은 아니지만, 왕에게 절대 권력을 주어야 하는 또 다른 논리적 근거를 마련해 주었기 때문이다. 실제로, 왕의 반대편에 있던 의회가 권력을 잡자 홉스는 왕권옹호자로 몰려 1640년 프랑스로 망명을 하게 된다. 그곳에서 사회적 혼란을 마주하며 1651년 세상에 내놓은 책이 바로 《리바이어던》이다.

모두에게 환영받지 못한 책

《리바이어던》은 총 4부로 구성된 작품이다. 앞서 서술한 내용은 1부와 2부에 해당하는 내용이며, 3부와 4부에서는 기독교의 폐단과 성직자들이 나아가야 할 방향에 관해 논했다. 3부와 4부의 내용이 성직자들의 심기를 매우 불편하게 만들었음을 짐작할 수 있다. 홉스가 보기에 교황과 성직자들은 그저 국가의 시민일 뿐인데, 이들은 자신이 신의 대리자임을 자처하며 주권자인 왕의 권력을 탐했다. 교회의 영향력을 내세워 국가의 법을 온전히 따르지도 않았고, 세금도 내지 않았다. 국가가 제공하는 평화는 다른 시민들과 똑같이 누리면서 말이다. 홉스는 이 부분을 책에서 날카롭게 드러냈다. 홉스가 살던 시대는 아직 교회의 영향력이 잔존하던 시대였고, 이러한 시기에 성직자들을 비판하는 책이 나왔으니 당연히 유럽 전체가 들썩였다. 교회는 홉스를 무신론자로 규정하였으며, 그가 신성 모독을 했다고 주장했다.

교회 권력자들의 비난을 감내하는 것으로 끝나지 않았다. 의회파와 왕당파 인물들에게도 《리바이어던》은 환영을 받지 못했다.

왕권과 정치적으로 대립했던 의회파에게는 절대왕권을 지지했다는 이유로 큰 비난을 들어야 했다. 왕당파 인물들은 《리바이어던》이 겉으론 절대왕권을 지지하는 내용이기는 하지만 왕권신수설에 정면으로 반하고 있으며, 현실의 왕이 제 역할을 제대로 해내지 못함을 지적하는 내용에 불과하다면서 비난을 가했다. 결국 《리바이어던》은 금서로 규정되었다.

하지만 홉스가 주장한 사회계약설은 이후 존 로크, 장 자크 루소 등의 근대 사상가들에게 큰 영향을 미쳤고, 이들의 주장은 이후 전개된 시민 혁명의 주요한 이론적 토대가 되었다.

홉스, 로크, 루소의 사회 계약론

구분	홉스	로크	루소
인간의 본성	성악설(이기적이고 충동적), 이기적이지만 이성적인 측면도 보유 (합리적 이기성)	성무선악설(백지설)	성선설
자연 상태	만인의 만인에 대한 투쟁 상태(무질서, 폭력, 공포)	처음에는 자유롭고 평등하며, 정의가 지배하는 상태였으나 인간관계가 확대됨에 따라 자연권 유지가 불완전해질 가능성 존재(잠재적 투쟁상태)	자유와 평등이 보장된 평화로운 상태이지만, 점차 사회가 발전하고, 강자와 약자의 인위적 구분이 생기면서 불평등 관계가 생겨나고 자유를 억압받게 됨
자연권	안전보장(자기보전)	생명, 자유 및 재산권 보장	자유, 평등 보장
자연권 양도	전부 양도설(생명권 제외)	일부 양도설 권한의 양도(위임, 신탁)	양도불가설(주권) 전부 양도설(자연권)
정치형태	절대군주체제 군주 주권론	대의민주정치 국민 주권론	직접민주정치 국민 주권론
저항권	적극적 저항권은 불인정	인정	제한적 인정 (집행자가 일반의지를 거스를 경우)

국가의 기원에 대해서는 다양한 논의들이 있어 왔지만, 그중 현대 사회에 가장 강력한 영향을 미친 것은 17~18세기 영국, 프랑스에서 널리 퍼졌던 홉스, 로크, 루소의 사회계약론일 것이다. 철학자마다 주장에 차이가 있지만, 결국, 국가는 계약을 통해, 즉 자유로운 개인들의 합의를 통해 인위적으로 만들어졌다는 점에서 공통적이다. 사회계약론이 등장하기 전까진, 국가의 권위는 신에 의존하고 있었다. 사회계약론은 신으로부터 독립적인, 인간의 기준에서 국가

의 기원을 설명한 시도였기 때문에 독창적이라고 할 수 있다.

홉스는 앞서 살펴본 바와 같이, 인간의 본성을 이기적이고 충동적이라고 보았다. 자연 상태는 만인의 만인에 대한 투쟁 상태이고, 개인들은 자신의 안전을 보장받고자 계약으로 국가를 탄생시켰다. 그리고 인간은 본래 이기적인 존재로, 사회계약은 언제든 파기될 가능성이 있으므로, 이를 차단하기 위해 국가와 군주의 권력은 절대적일 필요가 있다.

반면, 로크는 자연권을 국가에 '양도'한 것이 아닌, '위임(맡긴 것)'한 것으로 보았다. 그래서 국가는 권력을 남용하여 개인의 자연권을 함부로 침해할 수 없으며, 국민을 노예화하거나 재산을 빼앗는 권력에 대해 국민은 복종할 필요가 없다. 국민의 저항권이 인정되는 것이다. 로크의 논리는 국민 주권론으로 이어지고, 의회중심주의를 낳았다.

루소는 인간의 본성이 선하다고 생각했으며, 태초의 자연적 상태를 자유와 평등이 보장된 평화로운 상태로 보았다. 하지만 문명이 인간을 타락시켰다고 생각했다. 소유라는 관념의 탄생으로 인위적인 강자와 약자의 구분이 생겨났고, 힘 있는 사람들이 자신의 사유재산을 보호하기 위해 법과 정치 제도를 만들어, 자연 상태에서 사람들이 누리던 자유와 평등이 완전히 없어졌다고 한다. 이때 자신의 자유를 되찾고 생명과 재산을 보호하기 위해 인간이 선택한 것이 바로 자신의 모든 권리를 사회에 넘기는 사회계약이라는 것이다.

루소에 의하면, 모든 인간은 개인의 이익을 앞세우는 특수의지와 공공의 이익을 추구하는 일반의지를 가지고 있다고 한다(일반의지는 개개인의 특수의지의 총합에 불과한 전체의지와 구별된다). 일반의지는 전체의지 중에서 언제나 옳고 공동 이익을 지향하는 의지만을 지칭한다. 루소는 이 일반의지를 주권 그 자체라 부르기도 했다. 일반의지에 의해 다스려지는 국가에 대해서는 저항권 행사가 불필요하게 된다. 사회 계약의 기반이 되는 것은 일반의지이고, 사회계약을 통해 만들어진 국가는 철저하게 일반의지를 따라야 한다. 여기에서 시민들이 직접 자신의 의사를 개진하는 직접민주제의 논리가 도출되는 것이다.

로크와 루소에 대해서는 뒤에서 더 자세히 다루겠지만, 미리 정리해 두자면, 홉스의 사회계약론은 안보 논리의 기원이고, 로크의 사회계약론은 시장(재산권, 시장의 자유) 논리의 기원이다. 이 둘은 오늘날 보수의 논리가 된다. 반면, 루소의 사회계약론은 공익을 추구하는 일반의지를 강조하여 진보 논리의 시작이 된다.

홉스의 말

- 욕구란 성취에 대한 생각이 동반될 때 희망이라 불린다. 같은 욕구에 이러한 생각이 없다면 이는 절망이다.
- 인간의 초기 상태는 모든 사람들이 모든 사람들과 싸우는 상태다.
- 검이 없는 언약은 말뿐이고 사람을 안전하게 할 힘이 전혀 없다.
- 어떤 사람의 욕망의 대상이 무엇이든지, 그것은 그의 입장에서 선이라 부르고, 그의 증오와 혐오의 대상은 악이라고 부르는 것이다.

존 로크 John Locke
인간은 백지상태로 태어난다

존 로크(John Locke, 1632 ~ 1704)

영국의 철학자이자 정치사상가로서 경험론 철학의 원조로 일컬어진다. 로크의 정치사상

이 근대 자유주의 전통에 미친 영향은 지대하다. 로크의 자연권은 천부인권으로 발전했

고, 제도적 구상은 삼권분립으로 진화되었으며, 저항권은 자유주의의 정신이 되었다. 그

는 교육에도 많은 관심을 보여 소질을 본성에 따라 발전시켜야 한다고 주장하였다. 저서

로는《통치론》,《인간 오성론》등을 남겼다.

경험주의 vs 합리주의

구분	경험론	합리론
공통점	인간의 지식이 어디에서 오는지 그 원천을 알기 위한 철학적 시도	
지식의 원천	후천적 경험	선천적 이성
지식의 획득 과정	관찰과 실험	논리와 추리
방법론	귀납법	연역법
대표적 사상가	베이컨, 로크, 버클리, 흄	플라톤, 데카르트, 스피노자, 라이프니츠

경험론이란 지식은 오직 감각적 경험으로부터 비롯된다는 이론이다. 이 이론에 따르면, 우리가 지식과 정보를 얻는 것은 오직 경험의 획득을 통해서라고 한다. 생득관념(타고난 지식)을 부정하고 경험과 증거, 특히 오감에 의한 지각을 강조하는 것이다. 가장 저명한 경험주의자 중 한 명인 로크는 우리가 비어 있는 석판의 상태로 세상에 태어난다고 말했다.

지식이 경험을 통해서만 얻을 수 있는 것이라면, 당연히 우리가 경험하지 못한 것에 대해 이야기하는 것은 불가능할 터. 경험론자들은 종교적, 윤리적 개념의 타당성에 의문을 제기하며, 이러한 개념들은 관찰되거나 경험할 수 없기 때문에, 무의미하다고 여겼다. 경험론자들에게 있어. 절대적인 진리나 완전한 존재 같은 것은 의심받아 마땅한 것이었다. 그렇다 보니 왕이나 군주, 신 같은 중세적 권위에 냉소적인 모습을 보였다.

반면, 합리론은 지식이 경험에 앞서는 이성을 통해 나온다는 이론이다. 경험론자는 지식의 궁극적 원천이 감각적 경험에 있다고 주장하지만, 합리론자들은 지식이 이성을 통해 (감각적 경험으로부터 독립하여) 얻어질 수 있다고 주장한다. 이성으로 얻은 지식이 확실하며, 이를 기초로 다른 지식들을 확장해야 한다고 믿었고, 당연히 오류 가능성이 낮은 수학, 논리학 같은 학문을 중시했다. 이런 영향으로 근대 이후 과학은 수학적 성격을 띠게 되었다. 아무리 훌륭한 과학 이론도 수학적인 증명이 빈약하면 헛된 주장으로 간주되었다. 대표적인 합리론자인 데카르트 역시 수학적 지식을 모든 지식의 원형으로 생각했다.

합리론과 경험론은 인간의 지식이 어디에서 오는지 그 원천을 알기 위한 철학적 시도였다. 비록 이 두 이론, 즉 합리주의와 경험주의는 종종 서로 대조되지만, 이성과 경험은 모두 지식의 원천이 될 수 있다. 언어 습득을 예로 들 수 있다. 언어를 완벽하게 구사하기 위해서는 후천적 학습과 경험이 필요하지만, 어느 정도의 직관, 추론, 선천적인 지식도 필요하기 때문이다.

타불라 라사, 인간은 백지상태로 태어난다

데카르트와 로크는 인식의 원천이 무엇인지에 대해 문제의식을 가지고 있었다. 당시의 유럽은 지식이 폭발적으로 증가하고 있었던 과학혁명의 시대로 자연스럽게 인식문제에 관심을 가지게 된 것이다. 사랑과 정의라는 관념은 선천적으로 모든 인간이 가지고 태어나는 것인가, 아니면 나중에 형성되는 것인가?

합리론의 선두주자인 데카르트는 인간이 수학적 원리와 기하학적 원리, 도덕적 원리, 주체와 실체의 관념을 가지고 태어난다고 보았지만, 경험론의 선두주자인 로크는 인간은 백지상태로 태어날 뿐, 모든 관념이 후천적 경험을 통해 형성된다고 보았다. 다시 말해, 데카르트는 지식의 원천을 타고나면서부터 인간 이성 안에 내장된 관념에서 찾았고, 로크는 후천적 경험에서 찾은 것이다. 인간은 완전한 백지 상태로 태어난 후 다양한 경험을 축적해가며 여러 가지 관념들을 습득하는데, 이 백지상태를 '타불라 라사(tabula rasa)', 즉 비어 있는 석판이라고 부른다. 우리의 마음은 원래 아무것도 그려지지 않은 백지상태와 같다는 것이다. 이 백지에 글을 쓰는 것은, 즉 관념을 주는 것은 경험이다.

경험에는 감각과 반성이 있다. 감각은 외관에 의한 외적 경험이고, 반성은 내관에 의한 내적 경험이다. 로크는 인간은 사물을 감각에 의하여 수용하고, 그것을 반복하여 반성함으로써 하나의 관념이 만들어진다고 생각했다. 관념에도 단순관념과 복합관념이 있다. 단순관념(감각+반성)은 감각과 반성에 의해 얻어지는 원시적 관념으로, 크기, 형태, 운동 등 객관적 성질을 1차 성질이라 하고, 색깔, 향기, 맛 등 주관적 성질을 2차 성질이라고 부른다. 예를 들어, 눈앞에 하나의 사과가 놓여 있다고 할 때, 사과의 둥근 모양과 매끄러운 표면은 1차 성질이고 사과에서 나는 향과 눈으로 지각되는 빨간색은 2차 성질이라고 할 수 있다. 즉, 1차 성질은 사물 그 자체가 지닌 객관적 성질이고, 2차 성질은 조건이나 관찰하는 사람에 따라 달라질 수 있는 성질을 말한다. 어두운 방에서 사과는 빨갛게 보이지 않을 것이고, 사람에 따라 사과의 맛을 달리 느낄 것이다.

그리고 지성은 이러한 단순관념을 재료로 하여, 이것들을 이런저런 방식으로 결합하고 비교하고 추상하여 다른 종류의 관념을 만들어 낼 수 있게 되는데, 이를 복합 관념이라 한다. 예컨대, 우리는 유니콘을 떠올릴 수 있다. 말이라는 단순관념과 뿔이라는 단순관념이 결합되어 유니콘이라는 복합관념이 만들어진 것이다. 이렇듯 인간은 단순관념들을 결합하고 종합해서 복잡한 관념들을 만들어 낼 수 있는 능력을 가지고 있다.

로크의 사회계약론, 부당한 권력에는 저항할 수 있다

로크는 홉스의 국가계약설을 계승하면서도 어디까지나 민주주의를 대표하는 정치학자로서의 길을 갔다. 그는 개인의 생명과 재산을 보장하고 인민의 주권을 옹호하기 위해 사법, 행정, 입법의 삼권분립을 주장하였고 이는 루소, 몽테스키외에 막대한 영향을 끼쳤다.

홉스는 앞서 살펴본 바와 같이, 인간의 본성을 이기적이고 충동적이라고 보았다. 자연 상태는 만인의 만인에 대한 투쟁 상태이고,

개인들은 자신의 안전을 보장받고자 계약으로 국가를 탄생시켰다. 그리고 인간은 본래 이기적인 존재로, 사회계약은 언제든 파기될 가능성이 있으므로, 이를 차단하기 위해 국가와 군주의 권력은 절대적일 필요가 있다.

반면, 로크는 홉스의 주장과 달리 인간을 대체로 온전하고 합리적인 존재로 보았고, 자연상태를 사람들이 이성에 따라 함께 사는 평화로운 상태로 제시하였다. 하지만 화폐가 생겨나고 부를 축적하게 되자 각자의 소유물에 차이가 발생하게 되고 때때로 다른 사람의 소유물을 침해하는 일이 일어나기 시작했다(잠재적 투쟁상태). 문제는 자연상태에서는 소유권의 침해가 발생해도 잘못을 저지른 사람을 처벌할 방법이 없다는 것이다. 자연상태에서는 법, 정해진 법에 따라 각종 분쟁을 판단하고 해결할 법관, 내려진 판결을 강제하고 집행할 권력이 부재하기 때문이다.

그래서 사람들은 좀 더 확실하게 자신의 생명과 자유, 그리고 재산을 보장받기 위해 계약을 통해 새로운 정치질서를 만들고 자신들의 권리를 통치자에게 위임했다. 이것이 로크의 사회계약론이다. 여기서 중요한 것은 자연권을 국가에 '양도'한 것이 아닌, '위임(맡긴 것)'한 것으로 보았다는 점이다. 그래서 국가는 권력을 남용하여 개인의 자연권을 함부로 침해할 수 없으며, 국민을 노예화하거나 재산을 빼앗는 권력에 대해 국민은 복종할 필요가 없다. 국민의 저항권이 인정되는 것이다. 이러한 로크의 논리는 국민 주권론으로 이어지고, 의회중심주의를 낳았다.

또한 로크는 근대 시민혁명 과정에 이념적 단초를 제공하기도 하였다. 천부인권과 만민평등을 주장하여, 영국 현실 정치에서 명예혁명을 통해 권리장전과 의회 민주제 확립을 이루게 하였다. 이런 로크의 정치적 이념은 고향 영국에서뿐만 아니라, 프랑스혁명과 미국 독립선언에도 큰 영향을 주었다.

그의 저서 《통치론》이 재산 소유의 불평등을 정당화 했다거나, 기득권층을 옹호하는 이론을 펼치고 있다는 비판을 받기도 하지만, 현대 민주주의의 토대를 마련한 책이라는 데는 이견이 없다.

....

로크의 말

- 어떤 사람의 지식도 경험에 비교될 수 없다.
- 사고를 멈추는 가장 확실한 방법은 한 가지 분야의 책만 읽고, 한 가지 분야에서 일하는 사람들하고만 대화하는 것이다.
- 만약 해결책이 없는 문제가 있다면, 왜 걱정하는가? 해결책이 있다면 왜 걱정하는가?
- 독서는 성장을 위한 재료를 공급할 뿐, 그것을 내 것으로 만드는 것은 사고의 힘이다.

루소 Rousseau

계몽주의를 비판한 계몽주의자

장 자크 루소 (Jean-Jacques Rousseau, 1712 ~ 1778)

스위스 출신의 프랑스 철학자, 교육학자, 작곡가, 소설가다. 학문과 예술로 대표되는 문명 상태가 오히려 인간의 도덕성을 퇴보시켰다고 주장하여 '계몽주의를 비판한 계몽주의자'로 불리며, 18세기 계몽의 시대에 가장 독창적인 사상가로 평가받는다. 당시 사회와 종교를 비판하며, 어린이들은 자연 속에서 교육을 받아야 한다고 주장했다. 그는 사회계약론을 주장했지만, 홉스와는 달리, 인간의 자연의 상태를 만인의 만인에 대한 투쟁이 아니라, 우정과 조화가 지배하고 있는 상태로 보았고, 이 자연상태를 회복할 것을 주장했다. 주요 저서로는《인간 불평등 기원론》,《사회계약론》이 있으며,《사회계약론》은 프랑스 혁명에 큰 영향을 미친 것으로 평가받고 있다. 그는 프랑스 혁명이 일어나기 11년 전에 사망했다.

사회계약론, 프랑스 혁명에 영향을 끼친 책

1762년 출간된 《사회계약론》은 민주 사회의 성립을 논한 루소의 대표 저서이다. 총 4부로 구성되어 있으며, 1부에서는 사회계약의 본질에 대한 일반적인 고찰을 다루고 있다. 2부에서는 주권, 국민, 법에 대해서 다루고 있으며, 3부는 정부와 정부를 구성하는 원리, 다양한 정부의 형태, 정부의 설립과 주권의 유지에 대해, 4부에서는 고대 로마 정치를 실례로 들어 투표와 선거, 로마시대의 통치 양식, 시민종교에 대해 말한다.

이 책에서 루소는 1755년 출간된 《인간 불평등 기원론》에 언급한 자연 상태에서 출발하여 정당한 국가의 권력은 어떠한 모습이어야 하는지를 펼쳐보였다. 인간의 본성을 이기적이고 충동적인 것으로 본 홉스와 달리, 루소는 인간의 본성이 선하다고 생각 했으며, 태초의 자연적 상태를 자유와 평등이 보장된 평화로운 상태로 보았다. 하지만 그는 문명이 인간을 타락시켰다고 생각했다. 자연 속에서 인간은 홀로 살 수 없으므로 점차 한데 모여 살아가게 되었다. 그런데 공동생활을 경험한 인간들은 스스로 타인보다 더 강한 사람이 되기를 바랐고, 자신의 존재가 점차 상대화됨에 따라, 점차 소유욕이 발생하기 시작했다. 사적 소유가 이루어지자 소유자와 비소유자의 차이가 두드러지게 되었으며, 이는 결국 강자와 약자의 인위적 구분을 만들어냈다. 불평등 관계는 갈수록 심화되었으며, 사유재산에 대한 분쟁이 끊이지 않게 된 것이다. 이런 위험을 해결하고자 부자들은 나름의 묘책을 떠올리게 되는데, 바로 자신들에게 유리한 법과 정치제도를 만들어, 사유재산을 보호하는 것이다. 이들이 만든 법과 정치제도는 부자의 지배를 강화하고 빈자의 의무를 증강시켰다. 사회 내 인간관계를 평등한 것이 아닌 주종형태로 바꾸어 버렸다. 이로써 자연상태에서 사람들이 누리던 자유와 평등이 완전히 사라졌고, 이때 자신의 자유를 되찾고 생명과 재산을 보호하기 위해 인간이 선택한 것이 바로 사회계약이라는 것이다. 루소의 사회계약은 자연인이 자연적 자유를 포기하고, 자신의 모든 힘과 권리를 공동체 전체에 전면적으로 양도하는 계약이다. 자연적 자유를 양도하면 자유를 빼앗기는 것으로 생각하기 쉽지만, 자유를 공동체에 양도하는 것이므로 개인은 평등의 권리를 가질 수 있다. 이러한 과정에서 그들은 자연적 자유를 잃지만, 대신 시민적 자유를 얻게 된다. 여기서 시민적 자유란 의무와 이성에 따라 자신을 통제할 수 있는 자유를 일컫는다. 이 과정은 다음과 같이 정리할 수 있다.

첫째, 개인의 권리 전체를 특정 개인이 아닌 개인의 총합인 공동체에 양도한다.

둘째, 이는 누구나 예외 없이 전체를 양도한다는 점에서 절차적으로 평등하다.

셋째, 내가 권리를 양도한 만큼 자신도 다른 이의 권리를 받게 되므로 권리의 양적 측면에서 손해가 발생하지 않는다.

넷째, 권리와 힘을 양도받은 공동체는 이전보다 더 큰 힘을 발휘할 수 있고, 개인을 위협하는 재앙에 대처할 수 있다는 점에서 모두에게 이익만 남는다.

루소는 "인간은 모두 자유롭게 태어났지만, 어디서나 사슬에 매여 있다."고 했으며, 자연으로 돌아가기를 촉구했다. 그러나 현실적으로 자연으로 돌아가는 것은 무리이므로, 차선책으로 사회 계약을 체결한 것이다. 루소는 사회계약이 공동의 이익을 추구 하고자 하는 일반의지를 기반으로 이루어진다고 주장한다. 일반의지란 사회계약을 통해 각자가 자신의 모든 힘과 권리를 전체 공동체에 전면적으로 양도힘으로씨, 공동의 상위자로 형성된 것이다. 일반의지는 개인들 의지의 총합인 전체의지 중 공동체의 공공선을 지향하는 의지이므로, 일반의지에 인간이 복종하는 것은 곧 자신의 자유의지에 따르는 것이 되어, 예속이 아니라 자유를 실현하는 것이다.

국가는 일반의지를 따라야 한다

《사회계약론》 2부에서는 일반의지라는 개념을 제시한다.

루소에 의하면, 모든 인간은 개인의 이익을 앞세우는 특수의지와 공공의 이익을 추구하는 일반의지를 가지고 있다고 한다(일반의지는 개개인의 특수의지의 총합에 불과한 전체의지와 구별된다). 일반의지는 공공의 이익을 목표로 하는 보편적 의지를 말하며, 사적인 이익을 추구하는 특수 의지와 상반되는 개념이다. 특수 의지의 종합은 전체 의지이며, 전체 의지는 단지 개인의 각기 다른 의지(특수 의지)의 종합인 것뿐이므로 일반 의지와 다르다. 일반 의지는 전체 의지 중에서 언제나 옳고 공동 이익을 지향하는 의지만을 지칭한다. 루소는 이 일반의지를 주권 그 자체라 부르기도 했다. 국가의 주권은 전 인민에게 공통되는 이익을 목표로 하는 일반 의지이므로, 일반 의지에 의해 다스려지는 국가에 대해서는 저항권 행사가 불필요하게 된다. 다시 말해, 사회 계약의 기반이 되는 것은 일반의지이고, 사회계약을 통해 만들어진 국가는(제대로 된 국가라면) 철저하게 일반의지를 따라야 한다. 여기에서 시민들이 직접 자신의 의사를 개진하는 직접민주제의 논리가 도출되는 것이다.

일반 의지는 인민 자신의 의지이므로, 이에 복종하는 것은 곧 자신을 따르는 것이 된다. 인민은 스스로 제정한 법을 따름으로써 사회 구성원으로서의 권리를 보장받고 시민적 자유를 얻게 되는 것이다.

계약상, 국가는 일반 의지에 따라 모든 구성원들의 이익을 추구해야 하는데, 만약 권력자들이 자신들만의 이익을 위해 독재를 하게 되면, 이때 국가는 착취기관에 지나지 않게 된다. 그래서 인민은 항상 관리들의 행동을 감시해야 하며, 임면권을 자유롭게 행사해야 한다. 또한, 앞서 설명했듯 일반 의지에 기초한 정치이므로, 루소는 간접민주제를 비판하고 직접민주제를 주장했다.

주권과 행정권의 분리

루소는 정부 또는 행정권이 주권에 종속된 기관이라고 천명한다. 정부는 위임된 권한을 행사할 뿐이라는 이러한 주장은 당시로는 무척이나 획기적인 주장이었다. 주권과 정부를 명백히 구분시켜 정부를 주권의 아래에 있다고 규정한 것은 주권을 위임받은 정부가 그 권력을 악용하여 주권을 대신하려는 경향을 간파했기 때문이었다.

루소는 《사회계약론》 3부와 4부에서 정부와 국가에 관해 설명하는데, 정부는 주권자인 인민의 의지를 집행하는 기관에 지나지 않는다고 못을 박았다. 집행권을 위탁받은 관리는 인민의 주인이 아니라 사무를 대행하는 사람에 불과하다는 말이다. 주권은 국민에게 있다. 그것은 양도되거나 분할될 수 없으며 왕이나 대표자에게 위임할 수도 없고 위임해서도 안 된다. 이것이 루소 정치사상의 핵심이고 본질이다. 당시 프랑스 사회에서는 왕이 절대 권력을 휘두르고 있었고, 정부의 권위는 절대적이었음을 상기해 볼 때, 《사회계약론》이 얼마나 불온한 사상으로 받아들여졌을지 더 설명할 필요가 없겠다.

하지만 《사회계약론》에 담긴 주권재민 사상, 기본적 인권, 자유와 평등의 사상은 훗날 프랑스 대혁명에 커다란 영향을 끼치게 된다. 1789년부터 1799년에 걸쳐 일어난 프랑스 혁명은 절대 왕정의 전제 정치와 구제도의 모순을 참지 못한 프랑스인들이 자유, 평등, 사랑(박애)의 정신을 내걸고 일으킨 혁명이다. 이들은 신분제와 봉건제를 무너뜨리고, 인민 주권과 권력 분립, 자유권 등의 보장을 추구했다.

교육이론서, 에밀

"신은 만물을 선하게 창조하였으나 인간의 간섭으로 악하게 되었다. 인간은 어떤 땅에 다른 땅의 산물을 낳으라고 강요하는가 하면, 다른 나무의 열매를 맺으라고 이 나무에게 강요한다.(중략) 편견이나 권위, 필요와 같은 모든 사회제도는 우리들의 본성을 억제하여 그 무엇하나 제대로 살릴 수 없게 만들어버린다. 그 본성은 길에 난 묘목처럼 사람에게 짓밟히고 꺾이어 이내 시들어 버린다. (중략) 식물은 재배로써, 인간은 교육으로써 만들어진다. 그러므로 인간의 위대한 능력도 그 사용방법을 모르면 무용하다." - 루소, 《에밀》 제1부 중에서

루소가 활동한 18세기는 계몽주의 시대로 불린다. 계몽(Enlightenment)은 어둠으로부터 빛을 밝힌다는 뜻을 가지고 있다. 어둠은 인간의 무지함과 어리석음을 뜻하며, 빛으로서 그 어둠을 밝혀준다는 교육적 목표가 담겨 있는 단어이기도 하다. 루소는 계몽주의자들

의 사상을 수용하는 동시에 이들의 사상을 비판했다. 루소는 토마스 홉스, 존 로크의 사회계약론을 비판적으로 수용했으며, 특히, 학문과 예술로 대표되는 문명 상태가 오히려 인간의 도덕성을 퇴보시켰다는 파격적인 주장을 하였다. 루소는 인위적 문화나 지식이 아닌 자연 속에서 진정한 인간다움이 발현될 수 있다고 보았다. 루소는 이러한 자신의 생각을 교육의 영역으로 확장했고, 그렇게 해서 1762년 세상에 출간된 책이 바로 《에밀》이다. 루소는 인간 사회에 만연한 불평등과 부자유를 해소하기 위해선 교육을 통해 제대로 된 시민을 양성하는 것이 매우 중요하다고 보았다.

《에밀》은 소설의 형식으로 십필한 교육 이론서다. 에밀이라는 가상의 아이가 주인공으로 등장하며, 태어난 순간부터 성인이 될 때까지의 양육되고 교육받는 과정을 묘사하고 있다. 루소는 신이 만물을 창조할 때는 모든 것이 선했지만 인간의 손길이 닿으면서 타락하게 되었다고 말한다. 이러한 폐해는 식물과 동물은 물론 인간에게 까지 동일하게 적용된다고 보았다. 그는 인간이 자신의 편견과 취향에 따라 아이들을 가르치고자 애쓰는 바람에 이들의 좋은 본성이 모두 상했다고 주장한다. 루소는 이 문제를 해결하기 위해 올바른 교육의 중요성을 강조했다.《에밀》에는 루소의 교육관이 잘 나타나 있는데, 아이의 발육을 억업하거나 왜곡하지 않는 것, 섣부르게 지식을 주입하지 않고 자연스럽게 터득하게 할 것, 말과 글로써만 지식을 익히게 하지 말고 현장학습을 통해 스스로 지식을 체화할 수 있도록 할 것 등을 강조하고 있다. 루소에게 있어 교육의 목적은 잘 다듬어진 기계를 만드는 것이 아니라, 자신의 좋은 본성을 토대로 스스로 생각할 수 있는 인간을 만드는 데 있다.

하지만 루소는 《에밀》이라는 책을 출간한 이후 갖은 고생을 해야 했다.

책에 기독교의 원리와 원칙을 부정하는 내용이 담겨있어, 루소는 종교인들에게 탄압을 받았으며, 결국 한동안 유럽 이곳저곳을 떠돌며 생활해야 했다. 파리의 고등법원은 《에밀》을 금서로 지정했고, 모두 불태워졌다.

또 다른 이유에서, 이 책은 루소의 개인 행실 때문에 비난을 받았다. 말 안 듣는 아이를 견디지 못해 가정 교사직 자리를 포기하거나 생활고 끝에 자신의 다섯 자녀를 모두 보육원에 보내는 등 책에 담긴 서술과는 모순되는 행동을 스스로 저질렀기 때문이다. 사람들은 《에밀》을 두고 루소가 스스로 자가당착에 빠졌다며 손가락질 했다.

하지만 시간이 흐르며 《에밀》은 점차 많은 이들에게 인정받기 시작했고, 오늘날엔 교육 계통에 종사하는 사람이라면 반드시 읽어야 하는 필독서가 되었다. 루소의 책은 18세기 중반의 시대적 문제를 중심으로 다루고 있지만, 그 핵심은 시대를 불문하는 교육 문제를 관통하고 있으며, 그것에 대한 해결책을 논하고 있기 때문이다. 강압적인 지식의 주입이나 체벌보다는 아이가 자율적으로 배울 수 있도록 교육적 환경을 조성해야 한다거나 아이를 무분별한 지식으로 무장시켜 헛똑똑이로 만들지 말고 온전한 인격을 토대로 스스로 사유할 수 있는 시민으로 길러내야 한다는 등의 주장은 오늘날의 교육 현장에서도 여전히 유효한 내용이다.

루소의 말

■ 자유를 포기한다는 것은 인간으로서의 자격을 포기하는 일이다.
  아니, 인간의 의무마저 포기하는 일이다.
  모든 것을 포기하는 사람에게는 아무런 보상이 있을 수 없다.

■ 인간은 태어났을 때는 자유로웠으나 사회 속에서는 무수한 쇠사슬에 얽혀져 있다.

■ 자연으로 돌아가라.

■ 어린이에게는 과학을 가르치는 것이 아니다. 단지 과학을 하는 취미를 주면 족하다.

■ 교육의 목적은 기계를 만드는 것이 아니라, 인간을 만드는 데 있다.

칸트 Kant

경험론과 합리론을 통합하다

임마누엘 칸트(Immanuel Kant, 1724 ~ 1804)

임마누엘 칸트는 프로이센의 철학자이다. 서양 근대 철학사에서 데카르트로부터 이어지

는 합리주의와 존 로크로부터 이어지는 경험주의를 종합하였으며, 인식론, 형이상학, 윤

리학, 미학 등 분야를 막론하고 서양 철학의 전 분야에 큰 발자취를 남겼다. 칸트가 남긴

저작에는 3대 비판서인《순수이성비판》, 《실천이성비판》, 《판단력비판》이 유명하다.

늦깎이 천재

칸트는 1724년, 가난한 마구 상인의 아들로 태어났다. 아버지는 칸트가 22세가 되던 해 세상을 떠났고, 당시 대학에 다니던 칸트는 생계를 유지하기 위해 급히 일자리를 구할 수밖에 없었다. 어느 시골 귀족 집안에 들어간 그는 9년 간 가정교사 생활을 이어갔고, 학업을 병행하여 31세의 나이에 박사학위를 취득하였다. 오늘날 기준으로 31세에 박사학위를 받는 것은 비교적 빠른 편에 속하지만, 그 당시로서는 다소 늦은 편에 속했다. 그럼에도 칸트는 개의치 않고 자신만의 길을 걸어갔다. 칸트는 학위를 받은 후에도 정교수가 될 수 없었고 무려 15년 동안이나 시간강사 생활을 하였다(사실, 교수 제안을 해온 대학이 몇몇 있었지만 자신의 철학을 완성하는 데 집중하기 위해 제안을 거절했다고 한다). 1770년 46세의 나이가 되어서야 쾨니히스베르크 대학의 정교수가 될 수 있었다.

사람들은 천재가 어린 시절부터 두각을 드러내고 세상에 가공할 만한 성과를 내리라 여기지만, 늦깎이 천재들도 얼마든 존재하는 법. 인고의 시간 끝에 빛을 내뿜은 칸트가 바로 늦깎이 천재의 전형이라 할 수 있다.

순수이성비판, 사고사의 코페르니쿠스적 전회

칸트의 철학은 《순수이성비판》, 《실천이성비판》, 《판단력비판》으로 이어지는 3대 비판서를 골격으로 한다.

《순수이성비판》은 어떻게 인간이 지식을 창출해 내며, 사물을 알 수 있는지를, 《실천이성비판》은 어떻게 인간이 (윤리적으로) 옳고 그름을 판단하며, 그것을 실천할 수 있는지를, 《판단력비판》은 어떻게 인간이 (심미적으로) 아름다운 것의 여부를 판단하며, 그것을 직관할 수 있는지(예술문제)를 다루는 것이 특징이다. 결국, 3대 비판서는 각각 진선미(眞善美)를 다루는 셈이다.

《순수이성비판》은 인식론을 다루는 작품인데, 인식론이란 앎의 근거를 탐구하는 학문을 말한다. 칸트가 활동했던 18세기의 인식론은 인간 의식의 원천을 이성과 경험으로 이해하고 두 원천 중 어느 것을 더 본질적인 것으로 보느냐에 따라 합리주의와 경험주의의 두 갈래로 나뉘어 대립하고 있었다. 데카르트, 스피노자, 라이프니츠에 이르는 합리론은 선험적 이성을 통해 지식을 얻을 수 있다는 입장이고, 로크, 버클리, 흄에 이르는 경험론은 감각(오감)을 통해서 지식을 얻을 수 있다는 입장이다. 오늘날에야, 두 견해가 통합적으로 받아들여지고 있지만, 과거 철학사에서는 치열한 논쟁이 있었다. 당시 이성을 신봉하던 합리론은 경험을 도외시하고 실체와 인식을 추구했기에 독단에 빠지기 쉬웠고, 신, 영혼, 불멸자 등 세계의 모든 문제를 해결하지 못했다는 한계에 봉착하고 있었다(데카르트 입장에서는 절대자(신)은 사유될 수 있기 때문에 존재하는 것이지만, 경험론자의 입장에서는 경험될 수 있는 대상이 아니므로 절대자는 존재하지 않는다고 본다).

특히, 흄의 회의론은 인간 지성을 분석하여 이성과 경험은 신학적 지식만큼이나 믿을 수 없음을 보여주었다. 흄에 의하면 합리론이 주장하는 이성적 지식은 결코 확실하지 않다. 이성적 지식은 경험에서 추상 작용을 거친 뒤에 이끌어 낸 것이기 때문이다. 또한 이성적 지식의 근거가 되는 경험도 정확하지 않다. 경험이란 언제나 오류의 가능성을 내포하는 것이기 때문이다. 이제, 과학이 근거로 삼았던 이성과 경험은 절대적이라고 볼 수 없다. 이렇게 신과 교회의 권위에서 벗어나 새롭게 꽃피던 근대의 과학은 철학적 뿌리에서부터 심각한 위기에 봉착하게 되었다. 칸트는 흄의 사상으로 인하여 이성의 합리성이 세계의 모든 것을 밝혀낼 수 있다라는 독단적인 잠에서 깨어났다고 말힌다. 칸트는 흄의 회의론을 극복하는 한편 이성과 경험의 확실성을 되살리기 위해 무려 11년간 고민했다. 그렇게 해서 1781년 나온 책이 《순수이성비판》이다.

"순수이성"이라 할 때의 순수란 것은 무엇인가? 순수란, 경험에 대하여 순수하다는 것을 의미한다. 따라서 순수한 것은 선험적이다. 인식은 감각하거나 견문하는 것 등을 포함한 광의의 경험을 매개하는 것이나, 자기만의 것이 아닌 보편타당한 인식 속에는 선험성이 내재하고 있다. 이러한 선험적 인식을 가능하게 하는 능력이 바로 "순수이성"이다.

그러면 비판이란 무엇인가. '비판'에 대응하는 독일어의 '크리틱(kritik)'은 그리스어 '크리네인(krinein)'이라는 말에서 나왔다. 즉,

나눈다든지 구별하는 것을 의미한다. 그래서《순수이성비판》이라는 책은 그 제목처럼 인식에 관하여 경험적인 것과 선험적인 것을 구별하고 선험적 인식의 타당한 범위와 그 한계를 명쾌하게 하는 것을 목적으로 한다. 그리고 그 범위는 시간과 공간의 틀 속에 있는 현상계라고 한다. 현상을 초월한 사물 자체는 인식할 수 없다고 보는 것이다.

칸트는 이성만으로는 사물 그 자체, 즉 물자체를 결코 알 수 없다고 하였다. 우리 눈앞에 보이는 사과는 물자체가 아니라 현상일 뿐이다. 우리는 우리의 선험적 인식체계를 통해서 사과의 단면만을 인식할 뿐, 현상 배후에 있는 진정한 사과의 모습을 알 수 없다. 같은 사과가 개나 고양이, 뱀에게 각각 다른 모습으로 보이듯 인간은 자신만의 렌즈(선험적 인식체계)를 통해 사물을 바라보고 구성할 뿐이다. 칸트는 이성이 지닌 한계를 인정했지만, 그렇다고 전통적 형이상학을 전면적으로 부정하지는 않았다. 지식을 얻는 데는 경험도 중요하지만, 오감을 통해 수집한 감각자료를 이성이 해석했을 때, 비로소 지식이 될 수 있기 때문이다. '내용 없는 사고는 공허하고, 개념 없는 직관은 맹목적이다.'라는 그의 짧은 문장이 합리론과 경험론의 통합을 압축해서 설명해준다. 칸트에게 있어 경험과 이성 어느한 쪽만을 사용해 답을 내는 것은 만족스러운 해결책이 아니었다. 칸트의 인식론은 붕어빵을 만들어내는 과정에 자주 비유된다. 붕어빵을 만들어내기 위해서는 '밀가루 반죽'과 '틀'이 있어야 한다.

붕어빵틀(선험적 인식의 틀, 즉 이성)이 없이 밀가루 반죽(감각자료)만 있으면 개차반이 되고, 밀가루 반죽이 없이 틀만 있으면 그림 속의 빵이 되고 만다. 그래서 어떠한 대상에 대한 참된 인식을 위해서는 이성과 경험, 모두 필요한 것이다. 칸트는 이성의 한계를 인정하는 한편, 우리의 인식이 보편적 필연성을 가지는 근거를 경험에 앞서있는 선험적인 인식 체계에서 찾았다. 인간은 물자체를 인식할 수는 없지만, 선험적인 능력인 이성을 통해 물자체에 대한 보편적인 판단을 할 수 있게 된다. 이때, 인식프로세스는 감성, 구상력, 지성 순으로 진행된다. 감성은 감각자료를 받아들이는 능력을 말한다. 인간은 상상 속에서도 공간과 시간의 존재를 없앨 수 없으며, 시간과 공간을 바탕으로 감각자료를 받아들인다. 구상력은 이전에 본 감각자료를 기억했다가 다시 떠올리거나 여러 감각자료를 모아 동시에 인식하도록 하는 능력을 말한다. 지성은 개념을 결합하여 범주화 시키는 것과 관련있다.

칸트는 인간 이성의 능력에 한계를 긋고 사고사의 코페르니쿠스적 전회를 통해 서양 근대철학을 종합했다. 주체가 대상으로 향하는 것이 아니라 대상의 감각자료가 주체로 향하고 주체가 그것을 구성해 낸다는 것. 우리가 인식할 수 있는 시간과 공간의 테두리 안에서 이성의 역할을 정하는 것. 그렇기에 보편적 지식이 구원된다는 것. 이게 코페르니쿠스적 전회의 결과다. 이렇게 칸트는 이성의 기능을 회복시켰고 흄의 회의론으로부터 보편적 지식을 구원해냈다. 흄이 일으켰던 이성과 경험의 위기, 과학의 위기는 해소되었다. 한편 칸트는 신과 종교는 과학이 밝힐 수 없는 세계에 있다고 함으로써, 과학의 위협으로부터 신을 지켜내었다.

실천이성비판, 의무론적 도덕론

《실천이성비판》은 칸트의 3대 비판서 중 두 번째 책으로, 1788년에 처음으로 출간되었다.

순수이성과 실천이성은 무엇이 다른가?

순수이성을 이론적 관점에서 바라보면 순수(이론)이성이 되는 것이고, 순수이성을 행동 관점에서 바라보면 순수실천이성이 되는 것이다.

인간은 물자체를 논리적으로 인식하는 것은 불가능하지만, 실천적으로는 그 존재를 확증할 수 있다고 생각한 칸트는 인간의 자유를 기초로 독자적 윤리사상을 형성했다. 칸트는 도덕법칙의 형식으로, 정언명령을 내세웠다. 칸트의 도덕철학은 실천이성의 산물이며 도덕의 궁극적 원리는 정언명령이라는 사상에 기초하고 있다. 정언명령은 무조건적이고 보편적으로 모든 이성적 존재를 구속하는 도덕법칙으로 의무적으로, 무조건적으로 따라야 하는 규칙이다. 예를 들어, '다른 사람에게 좋은 평판을 얻기 위해, 정직하게 행동해야 한다'와 같은 가언명령은 다른 사람에게 좋은 평판을 얻고자 한다는 조건이 사라지면, 정직하게 행동해야 할 이유가 없어지기 때문에, 도덕법칙이 될 수 없는 것이다.

칸트는 조건에 따른 행동이 결과적으로 도덕적 의무와 일치한다고 해서 윤리적 가치가 있다고 보지 않았다. 칸트가 말하는 정언명령은 '정직하게 행동해야 한다'처럼 앞에 아무런 조건이 붙어있지 않고, 그 자체로 자신이 원하든 원하지 않든 무조건 따라야 하는 규칙이다. 의무론자인 칸트는 행위의 결과(행복과 쾌락의 극대화)를 가지고 도덕성을 판단하는 공리주의에 대해 도덕을 행복의 수단으로 격하시켰다고 비판을 가할 것이다. 그래서 칸트의 윤리 사상을 형식주의라고 한다.

물론, 개인 한명 한명이 삶을 살아가면서 만드는 도덕규범은 다를 수 있고, 사람들이 가지고 있는 모든 준칙(준거할 기준이 되는 규칙이나 법칙)이 도덕법칙이 될 수는 없다. 어떤 준칙은 도덕법칙이 될 수 있지만, 어떤 준칙은 도덕법칙이 될 수 없다. 그렇다면 도덕법칙이 될 수 있는 준칙과 그럴 수 없는 준칙을 구분하는 기준은 무엇인가? 칸트는 여기에 두 가지 조건을 제시했다.

첫째는 보편성의 정식이다.
칸트는 '너의 의지의 준칙이 보편적 입법의 원리가 되도록 행위하라'라고 하였다. 쉽게 말해, 세상 모든 사람들이 당신의 준칙에 따라 행동을 결정한다면, 어떤 결과가 초래될지를 생각해보는 것이다. 만약 당신이 '나의 이익을 위해서는 다른 사람의 권리를 침해해도 된다'라는 준칙을 가지고 있다면, 이 세상은 무법천지가 되고 말 것이다. 그래서 해당 준칙은 절대 도덕법칙이 될 수 없는 것이다.

둘째, 인격성의 정식이다.

칸트는 '당신 자신이나 다른 사람의 인간성을 수단으로만 대하지 말고 언제나 목적으로 대하도록 행동하라'라고 하였다. 인간과 동물은 모두 욕망(자연적 경향성)을 가지고 있지만, 인간은 동물과 달리 자유의지에 따라 자기 행동을 결정할 수 있으므로 인격성을 가졌다고 볼 수 있다. 칸트는 인격성을 지닌 인간을 철저히 존중해야 한다고 보았다. 그래서 인간을 수단으로만 대하지 말고, 목적 그 자체로 대해야 한다는 말이 나오게 되는 것이다.

이 책을 통해 교양을 쌓고 있는 독자들은 이 책의 저자를 수단으로 삼아 지식을 얻고 있는 것이다. 하지만 칸트는 인간을 수단으로 대하지 말라고 한 것이 아니라 수단으로만 대하지 말라고 하였으므로 이 책의 독자들이 저자를 수단으로 삼는 동시에 목적 그 자체로 대한다면, 도덕적인 행위가 될 수 있는 것이다.

칸트는 위에서 소개한 두 가지 조건을 통해 우리가 스스로 어떤 준칙이 도덕법칙인지 아닌지를 판단할 수 있다고 본다. 다른 사람에게 의존할 필요가 없이 우리가 가진 실천이성만으로 도덕법칙을 판단할 수 있다는 것이다. 이제 우리에게 남은 것은 하나다. 선의지를 통해 증명된 도덕법칙을 열심히 실천하면서 살면 되는 것이다.

언뜻 보면, 도덕법칙에 따라 사는 것이 자유가 없는 것처럼 보일 수 있지만, 인간의 도덕법칙에는 자유가 있다. 왜냐하면 '무조건 ~ 하라'의 경우, '만약'이라는 조건이 없어서 인과율의 제한을 받지 않기 때문이다. 스스로 법칙에 따르는 도덕법칙은 나의 의지가 출발점이기에 인과관계에 얽매이지 않는다. 즉, 자유롭다. 또한 인간은 도덕적인 이유로 자연법칙을 거스르는 행위를 할 수 있다. 예를 들어, 갈증 때문에 물을 마시는 것은 자연법칙에 따른 행위지만, 갈증에도 불구하고, 물을 다른 사람에게 먼저 양보하는 것은 자연법칙을 거스르는 자유의지의 행동이다. 더 나아가 자연에서 오직 인간만이 도덕법칙을 위해 자연법칙을 거스르고 죽음을 선택할 수 있다.

칸트는《순수이성비판》에서는 인간의 자유의지를 증명할 수 없다고 했지만,《실천이성비판》에서는 도덕적 명령이라는 개념을 통해 인간의 의지가 자유로움을 설명하였다. 또한 영혼 불멸이나 신의 존재도《순수이성비판》에서는 증명할 수 없었으나,《실천이성비판》에서는 최고선이라는 개념을 제시함으로써 그것들에 실재성을 부여하였다.

도덕적으로 행위하는 사람에게 행복까지 따라 올 때, 이를 칸트는 최고선이라 불렀으나, 우리 현실에서 최고선이 이뤄지기는 어렵다(물론, 칸트는 행복을 윤리학의 필연적인 요소로서 고수하지만 도덕의 원천을 행복에서 찾는 것은 아니다). 도덕성과 행복이 반드시 일치하는 것은 아니며, 오히려 양심에 따라 착하게 산 결과 불행해지는 경우도 많다. 여기서 신의 존재이유가 도출된다. 신이 존재한다면 착하게 살면 반드시 행복해진다. 인간에게 영혼이 있고 사후세계가 있어야만 먼 훗날에서라도 행복을 기대할 수 있기 때문이다.

《순수이성비판》에서 칸트는 신, 영혼, 자유의지가 존재하는지 알 수 없다고 말했지만(인간의 이론 이성으로는 풀 수 없는 문제),《실천이성비판》에서는 그런 것들이 존재해야만 한다고 말한다. 즉, 신, 영혼, 자유의지는 이론적으로는 존재한다고 말할 수 없지만, 도덕적으로는 필연적으로 존재한다는 것이다. 그래서 우스갯소리로 칸트가 신을 앞문으로 내쫓고 뒷문으로 들어오게 하였다고 말한다.

칸트의 도덕법칙은 다음과 같은 점에서 비판을 받는다.

첫째, 인간은 이성적이고 합리적인 추론을 바탕으로 도덕적 판단을 내리는 존재가 아니라 감성과 감정의 영향을 받아 옳고 그름을 판단하는 존재라는 점.

둘째, 인간 집단이 추구하는 최고의 선은 절대적이거나 고정적이지 않으며, 시대마다, 문화마다 상이하게 진화해왔다는 점.

셋째, 도덕 법칙들 간에 충돌이 발생할 경우 모순이 생긴다는 점.

유대인을 살리기 위해 나치 군인들에게 거짓으로 위치를 알려주는 행위를 예로 들 수 있다. 이럴 경우, 사람의 생명을 살려야 한다는 도덕법칙과 거짓말을 해선 안 된다는 도덕법칙이 충돌하여 어느 하나를 지키면 반드시 다른 하나를 어길 수밖에 없다.

판단력비판, 근대미학의 출발점

《순수이성비판》과 《실천이성비판》이 각각 진(眞)과 선(善)의 문제를 논의한 것이라면, 《판단력비판》은 미(美)의 문제를 논한 것으로 오늘날 미학의 주요한 개념으로 자리잡고 있다.

학문은 이성의 결과이고, 종교는 의지의 결과이며, 예술은 욕망의 결과이다. 플라톤은 학문, 종교, 예술 순으로 우열을 매겼다. 하지만 칸트는 학문, 종교, 예술을 동등한 지위로 보았다. 식탁에 달린 세 다리의 높이가 같아야 안정적으로 균형을 유지하며 버틸 수 있듯, 인간 정신을 이루는 이성, 의지, 욕망의 결과물인 학문, 종교, 예술이 각각 동등한 지위를 가져야 인간 역시 똑바로 설 수 있다고 본 것이다. 칸트는 예술을 학문, 종교와 동등한 지위로 끌어올린 것이다.

칸트의 《판단력 비판》은 '어떻게 우리에게 취미판단으로서의 선험적 종합 판단이 가능한지'를 다루고 있다. 여기서 '취미'라는 개념은 우리가 일상에서 가볍게 즐기는 'hobby'가 아니라 아름다운 대상을 감상하고 이해하는 힘을 말한다.

근대 미학 논의에서 칸트의 확고한 위치는 취미의 상대적인 특성에 갇히지 않고 우리의 인식 능력 안에서 아름다움의 보편타당성을 찾는 데 있다. 칸트에 의해서 판단의 주체로서 인간의 지위를 확신하게 되었고, 그러한 확고한 주체의식을 바탕으로 개방적이고 주체적이며 긍정적인 미의 탐구의 길이 열리기 시작했다. 특히 예술창작에 있어서 표현주의라든가 추상미술과 같은 예술적 탐구 또한 칸트의 이러한 견해를 바탕으로 하고 있다고 할 수 있다.

칸트는 '판단력'을 '특수를 보편에 포섭시키는 능력'으로 규정하였다. 특수는 개별적인 대상을 뜻하며 보편은 원리, 법칙, 개념 등을 뜻한다. 다시 말해서, 판단이란 인간이 개별적 대상을 접하고 그 특수의 속성을 관찰하여, 그 속성을 보다 일반적인 차원에서 설명할 수 있는 원리, 원칙, 법칙을 찾아내거나 그 속성이 제대로 부합하는 개념을 찾는 것이라 할 수 있다.

칸트는 판단력을 크게 두 가지로 분류하는데, 하나는 규정적 판단력이고 다른 하나는 반성적 판단력이다. 분류의 기준은 '보편이 주어져 있는지의 여부'이며 다음과 같이 설명할 수 있다.

– 규정적 판단력: 특수를 이미 주어져 있는 보편에 포섭시키는 능

력이다. 판사의 판결과 의사의 진단을 예로 들 수 있다. 판사는 개별적 사건을 보편적 원칙인 법률에 적용하여 판결을 내린다. 마찬가지로 의사는 개별적인 환자의 증상을 의학적 지식에 적용하여 진단을 내린다.

- 반성적 판단력: 특수만이 주어져 있는 상황에서 그 개별자를 포섭할 수 있는 적절한 보편을 찾아내는 능력이다. 규정적 판단처럼 보편이 이미 주어진 경우가 아니므로 지성과 상상력이 필요하며, 엄밀한 객관성과 필연성을 단언할 수 없기에 주관적이다.

판사는 규정적 판단력에 따라 판결을 내리지만, 때때로 기존의 법률적 상식만으로는 판정하기 어려운 사건을 만날 수도 있다. 이때 판사는 섣부른 판정을 자제하고 반성적 상황에 빠지게 된다. 이 상황은 그 사안에 부합하는 원리나 개념을 발견할 때 비로소 끝나게 된다.

그리고 칸트는 아름다움을 말하며 '반성적 판단'이라는 개념을 꺼내든다. 그 이유는 칸트가 기존의 원리로 쉽게 재단되는 것은 아름답다고 할 수 없다고 보았기 때문이다. 칸트의 미학에 있어 아름다움은 통념을 깨고 새로운 질서를 창조하는 것에 있다. 아름답다는 것은 기존의 문법을 깨뜨리고 그에 부응하는 새로운 문법을 창조해내는 것이며, 계속해서 새로운 영감을 불러일으키고 그것을 설명할 새로운 원리의 필요성을 환기시키는 것이다. 그렇기에 미감적 판단

(아름다움을 판단하는 능력)은 규정적 판단보다는 반성적 판단의 성격을 가진다고 볼 수 있다.

이어 칸트는 미적 판단력을 성질, 분량, 관계, 양상의 4가지 측면에서 살펴본다. 그리고 이에 따라 취미판단의 4가지 특성을 정리하는데, 그것이 바로 무관심성, 주관적 보편성, 목적없는 합목적성, 주관적 필연성이다.

첫째, 미는 (질적으로) "무관심적 쾌감"이다. = 무관심한 관심

칸트는 미적 대상을 느낄 때 우리는 그 대상을 어떤 이해관계 없이 보고 만족한다고 보았다. 다른 일체의 개입요소 없이 그저 아름답다고 느끼는 게 전부라는 말이다. 우리가 꽃을 보고 아름답다고 느낄 때, 여기엔 아무런 이해관계가 작용하지 않는다. 보자마자 사심 없이 아름답다고 느낄뿐이다. 진위의 구별, 유용성 등에 대한 관심이 모두 배제되어 있으므로, 예술 자체를 위한 예술을 주장하는 예술가들 사이에서는 금과옥조처럼 여겨진다.

둘째, 미는 (양적으로) "개념 없는 보편성"의 쾌감이다. = 주관적 보편성

아름다움이란 어디에 있는가? 칸트는 아름다움이 작품에 있는 것이 아니라 그것을 보고 아름다움을 느끼는 인간 안에 있다고 한다. 즉, 아름다움을 느끼는 것은 주관적이다. 하지만 주관적이지만은 않

다. 주관적이지만 또한 보편적이다. 보편성이란, 내가 느끼는 아름다움을 다른 사람에게도 요청할 수 있다는 의미를 띤다. 보편성은 객관성을 전제로 한다. 이점에서 '주관적 보편성'이라는 말은 형용모순이다. 하지만, 칸트는 미적판단, 주관적 취미판단에서는 그것이 가능하다고 말한다. 미가 순전히 주관적이기만 한 것이라면 모든 사람들은 서로의 취향이 일치하는 일은 결코 일어날 수 없다. 하지만 현실에서는 사람들이 보편적으로 쾌를 느끼는 것들이 있다.

셋째, 미는 (관계적으로) "목적 없는 합목적성"의 형식이다.

어떠한 목적이 있는지는 모르지만 그것이 합목적적이라고 가정하고 하는 판단을 목적 없는 합목적성이라고 한다. 어떻게 이러한 미적 판단이 가능한 것일까? 칸트는 합목적적 특징이 이 꽃에 들어있는 것이 아니라, 우리의 머리속에 합목적적인 형식이 이미 들어있기 때문이라고 말한다. 즉 대상 자체가 그러한 것이 아니라, 우리의 인식능력이 그 대상을 그렇게 보기 때문인 것이다. 예를 들어, 꽃밭에 수많은 종류의 꽃이 피어있는데, 저마다 다른 색과 향기를 지니고 있지만, 어떤 활력적인 조화를 이루고 있다. 사람들은 그 조화로운 통일성을 설명하기 위해 어떤 의도를 찾으려고 노력하지만 오히려 찾으려 애쓸수록 그 조화로움은 신비의 장막 속으로 숨어든다. 우리가 어떤 대상의 아름다움을 고찰할 때, 이는 객관적, 규정적이지 않고, 주관적, 반성적이다. 쉽게 말하면, 물리학적 사실처럼 정확히 고정되어 있는 것이 아니라, 인식하는 사람이 느끼는 순간마다 다르게 느껴질 수 있다는 것이다. 때문에 칸트는 합목적성은 강제성이 없으며, 단지 그렇게 하도록 요청될 뿐이라고 한다.

넷째, 미는 (양태적으로) "개념 없는 필연성"이다. = 주관적 필연성

어떤 것이 아름답다고 말할 때, 다른 사람들도 아름답다고 동의하기를 요구한다는 것이다. 모두가 동의할 수는 없지만 사람들이 공유할 수 있는 그 무엇에 대하여 논의하는 것이기 때문에 대상이 갖는 어떠한 특성이 다른 사람에게도 동일하게 나타나야한다. 따라서 만일 어느 한 사물이 어떤 사람에게 즐거움을 주었다면, 그것은 당연히 누구에게라도 즐거움을 주어야한다. 만약 당신이 장미꽃 한 송이를 보면서 아름다움을 느꼈다면, 다른 사람들에게서도 같은 반응을 기대할 수 있을 것이다.

왜 이런 일이 일어날까? 그 이유는 모든 사람에게 공통감각이 있기 때문이다. 공통감이란 우리 모두에게 공통적인 감각으로서, 미감적 판단의 주관적 필연성은 곧 정당성을 확보하게 된다.

칸트의 미학은 여기에서 그치지 않는다. 그는 바로 '숭고'의 체험이 가지는 의미를 해석한다. 칸트는 "단적으로 큰 것을 우리는 숭고하다고 부른다"고 말한다. 아무리 상상력을 발휘해도 포착할 수 없을 만큼 압도적인 크기에 대한 체험, 그것이 바로 숭고의 체험이라는 것이다. 가늠할 수 없을 정도로 넓은 우주, 온 세상을 뒤덮어버

릴 것 같이 휘몰아치는 거대한 파도를 보며 우리는 숭고를 경험하게 된다.

숭고의 체험은 곧 불쾌의 감정을 동반한다. 압도적인 거대함 앞에서, 작은 존재인 인간은 자신의 유한성과 무의성을 경험하기 때문이다. 그러나 초감각적 사유 작용인 이성은 전체로서의 무한을 사유할 수 있다. 그리고 이를 통해 이성이 자연의 한계를 넘어섬을 확인할 수 있다. 이때 불쾌는 쾌로 전이되고 전체를 합목적적으로 이해할 수 있게 된다.

《순수이성비판》은 이성의 세계를 다루고, 《실천이성비판》은 의지와 당위의 세계를 다룬다.

칸트는 두 세계를 구분하여 보았다. 사실의 문제와 당위의 문제는 다르기 때문이다. 생물이 생명을 유지하기 위해서 물을 마셔야하는 것은 사실이지만, 더 힘들어 하는 사람을 위해 물을 양보하는 것은 의지와 당위의 문제다. 그리고 칸트는 아름다움과 예술을 통해 이성의 세계와 의지의 세계를 연결할 수 있다고 보았다.

칸트는 왜 아름다움을 매개로 하여 사실의 세계와 당위의 세계가 연결될 수 있다고 생각했을까? 다시 말해, 칸트는 왜 학문과 종교가 예술을 매개로 연결될 수 있다고 생각했을까? 《판단력비판》에서 말하는 미적 판단은 반성적 판단이다. 반성적 판단은 특수만이 주어져 있는 상황에서 그 개별자를 포섭할 수 있는 적절한 보편을 찾아내는 능력이다. 규정적 판단처럼 보편이 이미 주어진 경우가 아니므로 상상력이 필요하다. 아름다움은 통념을 깨고 새로운 질서를 창조하는 것과 관련이 있다. 그리고 이것은 곧 합목적성이라는 개념과 연결된다. 우리는 어떤 대상에 대해 어떠한 목적이 있을 것이라는 것을 상상하며, 이 상상력으로 인해 결국 인간은 사실의 세계를 넘어 당위의 세계로 넘어갈 수 있게 되는 것이다.

칸트의 말

- 나는 해야 한다. 그러므로 나는 할 수 있다.
- 자기와 남의 인격을 수단으로만 삼지 말고, 항상 목적으로 대우해야 한다.
- 선행이란 다른 사람들에게 무언가 베푸는 것이 아니라, 자신의 의무를 다하는 것이다.
- 현실은 인간의 인식과는 별개의 것이다.
- 지식은 행동으로 이어져야만 참된 지식이 된다.

헤겔 Hegel

역사는 절대정신이 자기 자신을 펼쳐나가는 과정이다

게오르크 헤겔(Georg Wilhelm Friedrich Hegel, 1770 ~ 1831)

독일의 관념론을 완성한 철학자로 평가받는다. 자연, 역사, 정신의 모든 세계는 끊임없이 변화하고 발전하며, 이는 정반합 구조의 변증법적 전개 원리로 설명할 수 있다고 했다. 이 이론은 훗날 마르크스주의에 비판적으로 계승되어 19세기 사회와 학문에 큰 영향을 미친다. 헤겔은 철학자란 그 시대의 정신을 말한다고 했다. 1806년 나폴레옹이 독일의 도시 예나에 진입했을 때, 그는 "나는 말을 타고 도시를 둘러보는 황제, 저 세계정신을 보았다."고 회고했다. 《정신현상학》, 《법철학 강요》 등의 저서를 남겼다.

독일철학의 거성

헤겔은 1770년 베르크 공국의 수도 시투트가르트에서 태어났다.

헤겔은 5세 때 라틴학교에 입학, 18세에 김나지움을 졸업하고서 튀빙겐 대학의 신학과에 입학하였다. 헤겔은 튀빙겐 대학에서 그렇게 뛰어난 두각을 드러내진 못했지만, 천재소년 프리드리히 셸링과 프리드리히 휠덜린을 만나 친구로 지내며 이들과 학문적 성장을 도모할 수 있었다. 이들과 함께 자유를 표방하는 모임을 갖고 공동으로 《철학비평지》를 발간하기도 했다. 졸업논문으로 《터키인에 있어서 예술과 학문의 위축한 상태》를 써낸다.

대학에 입학한 다음 해인, 1789년 헤겔은 자신의 인생을 바꿀 역사적 사건을 경험한다. 절대왕정체제를 타파하고 근대사회의 문을 연 프랑스혁명이 일어난 것이다. 프랑스에서 시작된 혁명의 불길은 순식간에 유럽 전역으로 퍼져 나갔다. 수많은 민중들이 혁명의 정신인 자유, 평등, 박애를 외쳐댔다.

헤겔은 그 혁명의 정신이 자신의 조국에서 이어지게 할 방법이 없을지 고민하였다. 이 시기의 헤겔은 혁명의 정신에 매료되어 신학자로서의 길을 포기하고 본격적으로 철학의 길에 들어서게 된다. 청년 헤겔은 그리스 문학과 역사를 깊이 있게 공부했으며, 프랑스혁명이나 칸트철학의 영향을 직접 받았다. 사상적으로는 '이성'을 중시하여 구사상을 타파하려는 계몽사상이나 민주적 공화주의의 입장에서 민족의 존재방식을 탐구했다.

1801년 행성의 궤도에 관한 철학적 논문으로 교수자격을 획득하여 예나 대학의 강사가 되었고, 이 시기엔 당시 교육부 장관이었던, 괴테의 도움을 많이 받게 된다.

1806년 나폴레옹군의 예나침공의 포성 밑에서 그의 최초의 독창적인 저서《정신현상학》을 완성, 그 이듬해에 이를 출판했다.《정신현상학》을 쓰는 동안 그는 궁핍했고 출판사와 원고료 문제로 심한 말다툼을 벌이는 매우 불안한 시기였다.

1816년, 46세의 나이로 하이델베르크 대학의 정교수가 된 헤겔은 누구보다 빠르게 명성을 얻었고, 이듬해에 베를린 대학으로 자리를 옮겼다.《역사철학강의》는 그가 1822년부터 1831년까지 베를린 대학에서 5회에 걸쳐 강의한 내용을 그의 제자이자 동료였던 에두아르트 간스(Eduard Gans)가 엮어서 1837년 출간한 것이다.

* 프리드리히 셸링(Friedrich Wilhelm Joseph von Schelling, 1775 ~ 1854)
독일의 철학자로, 칸트, 피히테를 계승하여 헤겔로 이어지는 독일 관념론의 대표자의 한 사람이다. 헤겔의 사상을 '소극 철학'으로 보고, '적극 철학'을 설파하여 '이성'과 '체계'를 깨뜨리는 실존철학의 길을 열었다. 주요 저서로《선험적 관념론의 체계》,《인간적 자유의 본질에 관한 철학적 고찰》 등이 있다.

절대정신

칸트는 세계를 지각이나 감각으로 경험할 수 있는 '현상계'와 그 자체로서 존재하는 '물자체'로 구분했으며, 인간의 이성만으로는 사물 그 자체, 즉 물자체에 도달할 수 없다고 보았다. 우리 눈앞에 보이는 사과는 물자체가 아니라 현상일 뿐이다. 우리는 우리의 인식체계를 통해서 사과의 단면만을 인식할 뿐, 현상 배후에 있는 진정한 사과의 모습을 알 수 없다. 인간은 시간과 공간이라는 렌즈를 통해 사물을 바라보고 구성할 뿐이다.

헤겔은 칸트의 철학이 현상계와 본체계를 분리했지만, 본체계를 주체의 손이 닿을 수 없는 미지의 영역으로 남겨놓았음을 지적하면서 이성을 넘어서는 개념인 '정신'을 제시했다. 그것으로 주관과 세계를 포괄하면 칸트를 넘어설 수 있다고 본 것이다.

칸트는 우리의 관념과는 별개로 실제 존재하는 사물 자체의 세계를 알 수 없다는 주장을 펼쳤다. 예를 들어, 눈앞에 나무가 있다고 하자. 우리는 나무를 인식할 수 있지만 그 인식은 나무 자체의 세계를 반영하진 못한다. 그래서 우리는 나무라는 물자체를 알 순 없다. 하지만 헤겔은 인간의 경험이 증가할수록 관념또한 증가한다고 말한다. 가령, '나무'라는 사물을 떠올리면 우리는 책상, 의자, 종이, 조각품 등 여러 가지 모습을 한 나무를 상상해낼 수 있을 것이다. 우리가 다양한 나무를 떠올릴 수 있는 것은 나무에 대한 지식과 경험을 축적했기 때문이다. 결국 '나무'라는 사물은 우리의 다양한 경험을 통해 형성된 관념들의 종합이라고 볼 수 있다. 이는 인간이 다양한 경험을 축적해가며 더욱 진리에 다가갈 수 있게 됨을 의미한다. 헤겔은 칸트의 현상계와 본체계의 이원론을 극복하여 일원화하고 정신이 변증법적 과정을 통해 자기를 실현해 나가는 과정을 체계적으로 정리하였다(스피노자의 일원론에 영향을 받았으며, 헤겔은 물자체와 현상계를 '절대정신'이라는 개념 아래에 다시 합쳐서 내놓았다). 헤겔은 이러한 변증법을 역사의 흐름에도 적용한다.

칸트에게 있어 절대자라는 존재는 우리가 이성으로 인식할 수 없는, 우리의 세계와 완전히 단절해 있는 피안의 세계에 있지만, 헤겔에게 있어 유한자인 인간과 절대자는 독립되어 있지 않다. 절대자는 유한자인 인간을 품고 있으며, 이 유한자를 통해 절대자가 자기를 실현해가는 것이다. 이것이 바로 역사다. 역사라는 것은 절대자가 자신의 본질을 구현하는 과정이고, 역사 속에 필연적으로 내재되어 있는 절대정신 앞에서 인간은 결코 저항을 할 수가 없다. 과거의 역사적 위인들 역시 절대정신에 이용되었을 뿐이다. 영웅이나 천재 들은 자기 의지대로 뜻을 펼쳐나가는 것처럼 보이지만, 절대정신이 자신의 뜻을 펼치는 역사라는 장기판 위의 말에 불과하다. 역사적 위인들은 자신의 개인적 욕망을 성취하려고 과업을 달성하지만, 이들의 행동 뒤에는 세계정신이 자리하고 있다. 이들은 세계정신이 자신의 목적을 달성하기 위해 쓰이는 도구이며, 결국 위대한 일을 수행하게 되는 것이다. 그래서 이들의 행동은 역사 속에서 볼 때 위대하지만, 개인적으로 볼 때는 불행한 운명을 짊어지는 경우가 많은 것이다(알렉산더 대왕처럼 요절하거나 나폴레옹처럼 유배를 당하거나). 이들은 그 목적을 다하면 무대의 저편으로 쓸쓸히 퇴장하고, 절대정신은 아무 일 없었다는 듯 새로운 인물들을 등장시키고 전진하기 시작한다.

1806년 나폴레옹이 독일의 도시 예나에 진입했을 때, 그는 "나는 말을 타고 도시를 둘러보는 황제, 저 세계정신을 보았다."고 회고했다.

역사는 정반합의 과정을 거친다

"역사는 절대정신이 변증법적 과정을 통해 자신을 실현하는 과정이다." – 헤겔

헤겔은 절대정신이 인류의 역사 속에서 자신을 실현하는 방법을 변증법을 통해 체계화하였다. 역사는 정립, 반정립, 그리고 종합을 통해 발전하며, 이 과정에 종말은 없다. 첫 단계에서는 정설이 발생하고, 두 번째 단계에서는 정설에 대한 비판이 일어나며, 마지막 단계에서는 정설과 그 정설에 대한 비판을 종합하여 실재에 대한 더 크고 바른 이해가 가능해지게 되는 것이다. 그에 따르면 역사는 이러한 정/반/합의 과정을 통해 계단식으로 발전하는 것이었다.

헤겔은 인간의 인식구조가 계속 변한다고 했다. 우주관이 천동설에서 지동설로 바뀌고, 있는 것은 없게 되고, 없는 것에서 무엇인가 생겨나고, 생겨난 것에서 어떤 변화가 일어난다고 하였다. 즉 끊임없이 정/반/합으로 변증법적으로 나아간다고 설명했다. 결국, 인류의 역사란 절대정신이 그 본질을 실현해가는 과정이며, 절대정신이 보편적인 목적을 실현하기에, 역사에 우연은 존재하지 않는다. 헤겔은 절대정신의 최종목적이 자유의 실현에 있다고 보았다. 이 세상엔 수많은 영웅과 천재들이 나오고 사라졌지만, 이들은 절대정신에 이용당한 것이다. 하지만 이들 덕분에 자유로운 사람들의 수는 시대의 변화와 함께 점차 늘어났고, 이들은 세계 역사를 발전시켰다는 평을 빝는다. 고대 그리스에서는 일부 귀족이나 시민만이 자유를 누릴 수 있었지만, 오늘날 독일에서는 만인이 자유를 누릴 수 있다. 이는 모두 절대정신 덕분이다. 이 세상에 완전한 자유가 달성되었을 때가 곧 절대정신이 그 자체의 본질을 실현한 때이다.

절대정신은 현실과 역사를 관통하면서 개별 이성과 사건들에 모습을 드러낸다. 극의 마지막에 주제와 의도가 드러나듯, 절대정신의 근본 목표는 역사의 마지막에 이르러서야 제대로 성취된다.

"미네르바의 부엉이는 황혼 무렵에 그 날개를 편다." – 헤겔.《법철학 강요》

여기서 '미네르바'는 '지혜의 여신'을 말하고, 그 여신이 부엉이처럼 황혼 녘, 하루 시간의 끝에 날갯짓하듯, 철학은 앞날을 예측하는 것이 아니라 어떤 현상이 일어난 뒤에야 비로소 역사적인 조건을 고찰하여 철학의 의미가 분명해질 수 있다는 것을 말한다.

헤겔의 말

- 이성적인 건 모두 현실적이고, 현실적인 건 다 이성적이다.
- 세계사는 자유의식의 발전 그 이상도 이하도 아니다.
- 대중의 의견으로부터 독립하는 것이 위대한 일을 성취할 첫번째 공식 조건이다.
- 한계를 인지한다는 것은 이미 그 한계를 뛰어 넘었음을 의미한다.

쇼펜하우어 Schopenhauer
삶은 곧 고통이다

아르투어 쇼펜하우어(Arthur Schopenhauer, 1788 ~ 1860)

모든 것이 '신' 아니면 '이성'으로 설명되어야 했던 근대의 인식론에 맞서 '의지'를 주창했던 고독한 철학자다. 쇼펜하우어는 이성 중심의 철학과 결별하고 의지의 철학을 전개해 나감으로써 현대철학의 문을 열었다. 그의 철학은 고전 이성주의에서 현대 비이성주의로 넘어가는 관문이다. 철학사에 있어 자신의 페이지를 충분히 할애 받지 못하고 있지만, 그가 없었다면 오늘날의 현대 철학은 어떠한 방향으로 나아갔을지 아무도 짐작할 수 없다. 쇼펜하우어는 니체에게 서양철학 전체를 파괴할 흉기를 주었고, 프로이트에게는 무의식을 주었다.

이성의 철학과 결별하고 의지의 철학으로 나아가다

고대 그리스 철학이든 중세 철학이든 근대 철학이든 서양 철학의 공통점은 인간 존재자가 이성을 통해 세계의 본질을 규명하려 한다는 것에 있다. 고대의 철학자 소크라테스와 플라톤부터 근대의 칸트, 헤겔에 이르기까지 대부분의 철학자들은 이성을 신봉했고 이성으로써 세계를 분석하고 설명하고자 했다.

칸트는 합리론적 형이상학을 비판하고 인간 이성의 능력에 한계를 그었지만, 우리의 인식체계로 파악할 수 없는 물자체보다는 현상계를 주목함으로써 오히려 기존의 합리론적 형이상학을 새롭게 부활시켜 놓았다. 칸트는 이성의 기능을 회복시켰고 보편적 지식을 구원해냈다. 헤겔은 이성을 넘어서는 '정신'이라는 개념을 제시함으로써 칸트를 넘어서고자 했지만, 세상의 모든 것은 정반합으로 움직이고, 그 발전 속에 이성이 힘이 작용한다고 강조했다. 각자의 사상에는 차이가 있었지만, 이성과 합리적 판단능력을 바탕으로 세계의 본질을 논하는 철학을 전개해 나갔다는 점에서 유사하다.

서양 철학의 발생에서 이 윤곽을 최초로 설계한 철학자는 플라톤이다. 플라톤은 냉철한 이성을 통해 모든 존재와 인식의 근거가 되는 절대적 실재, 즉 이데아(idea)를 알 수 있다고 하였다. 플라톤 이후의 철학자들은 플라톤의 틀 안에서 철학을 전개해 나갔다. 그래서 영국의 철학자이자 수학자인 화이트 헤드는 서양 철학은 플라톤 철학의 주석에 불과하다고 하였다. 이러한 이성 중심의 태도는 서양 철학의 뿌리 깊은 전통이라고 할 수 있는데, 어떤 고독한 철학자는 이러한 전통에서 유독 어긋나는 행보를 보였다.

이성을 통해 무지를 타파하고 사회 현실을 개혁하자는 계몽주의 사상이 지배하던 시대, 근대 합리론의 발전적 형태인 관념론의 거장 헤겔의 철학에 정면으로 도전했던 철학자가 있었으니, 그 천재의 이름은 쇼펜하우어다. 그는 당시 유럽을 지배적으로 휩쓸고 있던 이성 주의와 계몽주의 사상을 신랄하게 비판했다. 그는 1816년부터 약 4년에 걸쳐 완성한 《의지와 표상으로서의 세계》에서 헤겔을 대표로 하는 이성 철학을 비판하고 이성이 아닌 의지로써 세계의 본질을 파악하고자 했다.

그에게 있어 의식 세계에서의 이성이라는 것은 무의식의 의지에 제약을 받고 의지에 봉사하는 도구에 불과했다.

맹목적 의지, 삶은 곧 고통이다

쇼펜하우어는 우리가 살고 있는 이 세계가 우리가 생각할 수 있는 세계 중에서도 단연코 최악의 세계라고 말했다. 고통이야말로 삶의 실재이며 쾌락이나 행복은 다만 소극적인 것, 즉 고통의 부재 상태에 불과하다는 것이다. 그렇다면, 인간은 왜 이처럼 고통스러울 수밖에 없는 운명에 처하였는가?

쇼펜하우어는 고통의 원인을 욕망에 있다고 보았다.

그는 인간의 인생을 욕망과 권태 사이를 오가는 시계추에 비유했다.

인간은 욕망덩어리다. 식욕, 성욕, 수면욕, 명예욕, 소유욕, 권력욕 등 인간의 마음을 움직이고 행위를 유발하는 근원은 바로 의식이 아닌 욕망이다. 우리는 욕망을 맹목적으로 추구한다.

하지만 이러한 욕망은 잠시도 쉬지 않고 좀처럼 충족되지도 않는데, 충족되지 않는 욕망은 언제나 고통으로 남게 된다. 어렵사리 욕망이 충족되었다고 해도 그 만족감은 일시적인 것에 불과하여 얼마 못 가 권태라는 또 다른 이름의 고통에 빠져들게 된다.

장난감을 가지고 싶다며 울고 불며 떼를 쓰는 어린아이에게 장난감을 던져주면, 아이는 그것을 아주 재미있게 가지고 놀지만, 얼마 지나지 않아 싫증을 내기 시작한다. 다른 장난감을 사달라고 울면서 조르기 시작하는 것이다. 그 아이가 성장하여 성인이 되면 장난감 대신 사회적 지위, 명성, 아파트, 고급 승용차 등을 추구하게 될 뿐 마찬가지로 하나의 욕망이 충족되면, 만족감은 오래가지 못하며, 곧 권태에 빠지고 만다. 그리고 그 권태에서 벗어나기 위해서는 또 다른 것을 욕망해야만 한다. 이에 또 다른 삶의 과제가 나타나고 냉정한 현실은 우리의 의지의 실현을 가로막는 장애물들로 넘쳐나므로, 우리는 그 충족되지 않은 욕망 앞에서 또다시 결핍(고통)을 겪게 된다. 무엇인가를 욕망할 때 결핍을 느끼고, 그 욕망이 충족되면 권태를 느끼는 구조의 반복이다. 결국, 인간의 삶은 결핍과 권태 사이를 오가는 시계추에 불과하다.

물질적인 것뿐만 아니라 순수한 것, 정신적인 것으로 여겨지는 것도 예외일 수 없다. 사랑도 마찬가지다. 사랑에 목마른 두 남녀가 만나면 처음엔 서로에 대한 감정이 뜨겁게 불타오르지만, 그 이면의 근본적 욕구(종족 번식이라는 맹목적 의지)를 충족하고 나면 얼마 지나지 않아 권태에 빠져들게 된다. 쇼펜하우어는 제아무리 고상하고 순수한 것으로 여겨지는 사랑도 그 감정의 이면에 더욱 원초적인 맹목적 의지가 깃들어 있다고 보았다. 그 원초적 욕망이 충족되는 순간 사랑이라는 감정도 식게 된다. 이처럼 욕망덩어리인 인간은 겉으로는 제법 순수하고 고결한 명분을 내세우지만 결국 결핍과 권태 사이를 오가며 영원히 고통을 당하는 존재에 불과하다.

또한 쇼펜하우어는 인간이 고통을 겪는 원인으로 인간의 높은 지능을 지목하기도 했다.

지능이 발달한 동물일수록 고뇌에 대한 감각이 가장 예리하기 때문이다.

생각하는 능력을 가진 인간은 자신의 상상력으로 아직 다가오지도 않은 미래에 '지옥'이라는 건물을 쌓아 올릴 수 있는 것이다. 식물이 가장 단순한 삶에 만족하고 있으며, 동물은 인간보다 더 단순한 삶에 만족한다. 동식물은 자신의 생존과 직결된 현재의 환경적 변수에만 예민하게 반응할 뿐이다. 인간을 제외한 동물과 식물은 과거나 미래에서 오는 괴로움도 희망도 품지 않는다. 상상력이 만들어 내는 환영에 사로잡히지 않기 때문이다.

그래서 쇼펜하우어는 고통과 고뇌는 모든 인간의 운명이라고 말했다.

세계를 비관적으로 바라본 쇼펜하우어는 "인생은 의미가 없다. 그러므로 태어나지 않는 것이 최선이고, 태어났다면 최대한 빨리 죽는 것이 차선이다."라고 입버릇처럼 말하고 다녔다.

하지만 그의 말대로 모든 인간은 그저 고통 속에서 무기력하게 인생을 살 수밖에 없는 것일까? 인생은 고통이고 세계는 최악이므로 우리가 고통으로부터 해방되기 위해서는 스스로 목숨을 끊어야만 하는가?

사실, 세계가 고통으로 가득 차 있다는 쇼펜하우어의 비관주의적 사상은 세계에 대한 진단에 있는 것이지 결코, 그의 철학이 궁극적으로 추구하는 것이 아니다.

인간은 어떻게 하면 고통으로부터 해방될 수 있는가? 쇼펜하우어가 제시한 방법은 크게 두 가지인데, 하나는 예술이고 다른 하나는 해탈이다.

쇼펜하우어에게 있어 예술이란 고통을 초래하는 우리의 맹목적 의지를 진정시킬 수 있는 '진정제'이다. 천재 예술가들은 미적 관조를 통해 표상 너머의 세계를 온전하게 느끼고 그것을 작품 속에 담아 전달할 수 있는데, 우리는 천재들의 아름다운 작품을 감상함으로써 일시적으로나마 표상에 집착하는 개별의식을 내려놓고 고통으로부터 해방될 수 있다는 것이다. 하지만, 예술은 고통으로부터 우리를 근본적으로 해방시켜주진 못한다. 일시적 해방에 불과하다.

그렇다면, 근본적으로 고통으로부터 벗어날 수 있는 방법은 무엇일까? 그에 따르면 인간의 사고와 행동을 결정하는 것은 결코 이성이 아니라 의지다. 대부분의 사람들은 자기 내면에서 고통을 초래하는 '의지'를 제대로 인식하지 못하고 표상에만 집착하므로 결코 고통에서 해방될 수 없는 것이다. 우리의 의지는 세상 밖으로 나오는 순간 방해를 받는다. 이 세상엔 나의 의지를 가로막는 장애물들로 넘쳐난다. 그래서 인간이 고통으로부터 근본적으로 해방되기 위해서는 고통을 초래하는 내면의 맹목적 의지를 인식하고 금욕적인 생활을 해야 한다. 이것이 쇼펜하우어의 행복론이다.

칸트를 넘어서다

쇼펜하우어는 자신의 철학이 칸트의 영향을 받았음을 인정하면서도, 함께 칸트 철학의 영향을 받은 헤겔에 대해서는 강렬한 비판을 가했다. 헤겔은 물자체와 현상계를 '절대정신'이라는 개념 아래에 다시 합쳐 놓았지만, 쇼펜하우어가 보기에 이것들은 다 엉터리이며,

칸트가 나눠놓은 물자체와 현상계를 그대로 둬야 한다고 생각했다. 그대신 쇼펜하우어는 '의지'라는 개념을 내세웠다.

쇼펜하우어는 세계를 현상계와 본체계로 구분한 칸트의 견해를 받아들였지만, 칸트가 설명하지 못한 본체계의 본질을 설명하고 싶어 했다. 칸트는 물자체에 관해 아무것도 파악할 수 없는 데 반해 쇼펜하우어는 그것을 의지라고 주장했으며, 인간 의식 안의 근원에 들어가면 물자체의 본질을 깨달을 수 있다고 말하였다. 쇼펜하우어에게 있어 칸트의 물자체는 '의지'였고 그것은 무의식적 충동과 연결되는 것이었다.

세계는 의지가 객관화된 것이다. 우리의 육체도 의지가 객관화된 것이다. 인간의 입과 혀는 식욕이 객관화된 것이다. 생식기는 성욕이 객관화된 것이다. 이것은 동식물뿐만 아니라 자연 현상, 즉 물이 바다로 흐르는 것, 자석이 쇠를 끌어당기는 것조차 그 개체들의 의지에 의한 것이다. 세계의 의지란 곧 시공을 초월한 것이며 우리 개인의 의지 또한 마찬가지라는 것이다. 결국, 우주의 의지와 우리 내면의 의지는 동일한 것이 된다. 세계에 있는 모든 것들의 성질이 우리 안에 있는 성질과 동일하다. 의지는 시간과 공간이라는 개별화 원리에 따라 수많은 개별적 대상을 통해 나타날 따름이다. 우리는 개별성(ego)을 내려놓고 의식 안의 근원으로 들어가 자신과 우주가 별개가 아님을 깨닫게 됨으로써, 다른 모든 사물과 생물에 대해 깊은 통찰을 해낼 수 있고 동질감을 가질 수 있게 된다.

쇼펜하우어는 칸트 철학에서 시작했지만, 칸트 철학을 넘어서려고 했으며, 칸트의 도덕법칙과는 차별화된 독창적인 윤리관을 정립했다. 하지만 그의 철학에 대한 세상의 태도는 무관심이었다. 쇼펜하우어의 철학은 1819년 출간된 《의지와 표상으로서의 세계》를 통해 본격적으로 세상에 드러났지만, 출판업자도 그 판본의 대부분을 폐지로 팔아 버릴 결심을 할 정도로 이 책은 너무도 팔리지 않았다. 쇼펜하우어는 고의로 헤겔과 동일한 시간대에 강의를 개설하고 학생들이 누구의 강의를 더 많이 선택하는 지로 헤겔에게 도전한 적도 있지만, 결과는 쇼펜하우어의 압도적인 패배였다. 헤겔의 강의실에는 학생들이 넘쳐났지만, 쇼펜하우어의 강의실에는 고작 5명의 학생이 참석한 것으로 전해진다.

이것은 너무나 뻔한 결과였다. 학생들 입장에서는 자칭 천재 쇼펜하우어보다는 이미 공인된 철학자인 헤겔 뒤에 줄을 서는 편이 출세에는 더 유리했을 것이다. 당시는 이성의 철학이 지배적인 시대였기에 맹목적 의지를 주창하는 쇼펜하우어의 철학은 대중의 눈에 들어올 리가 만무했다.

자신이 진정한 천재이기 때문에 사람들이 자신의 진가를 알아보지 못한다고 확신한 쇼펜하우어는 더욱 자기 세계로 빠져들게 된다. 아버지의 죽음, 어머니와의 불화, 자신의 저서 《의지와 표상으로서의 세계》에 대한 세상의 무관심, 교수로서의 실패, 점차 악화되는 귀머거리 증세, 이 모든 것이 쇼펜하우어가 세상을 바라보고 대하는 방식에 영향을 미쳤다고 볼 수 있다. 그의 헤겔 비판은 점점 거세지

고 자신의 진가를 알아보지 못한 세상에 대한 그의 철학적 경향은
더욱 염세적으로 변해갔다.

쇼펜하우어의 예술론

쇼펜하우어는 천재가 자기 자신을 잃어버리는 능력을 가지고 있
다고 보았다. 세계 질서에 사로잡혀 있는 일반인은 진리에 도달할
수 없지만, 자아를 상실한 천재 예술가는 미적 관조를 통해 진리를
엿보고 예술작품에 담아 일반인들에게 전달할 수 있게 된다. 자기
자신을 잃어버린다는 것은 곧, 세상의 질서에서 벗어나게 됨을 의미
한다. 이는 일종의 광기다. 하지만 천재는 세상의 질서에서 벗어났
기 때문에 진리를 엿볼 수 있다. 이것이 바로 미적 관조다. 쇼펜하
우어가 말하는 천재란 순전히 직관에 몰입할 수 있는 능력이고, 자
기 자신을 망각한 순수한 인식 주관으로서 이데아를 직시할 수 있는
성찰의 힘을 지닌 존재다. 천재의 삶은 표상의 세계를 넘어선다. 천
재는 삶의 의지에 속박된 범인들의 기준을 따르지 않기에, 세계를
온전하게 느끼고 표현할 수 있게 된다.

한편, 쇼펜하우어는 예술 중에서도 음악에 특별한 지위를 부여했
는데, 음악은 다른 예술처럼 진리에 대한 모사가 아니라 의지의 직
접적인 객관화이기 때문이다. 음악은 모든 현상의 내면적 본질, 즉
의지 그 자체를 표현하는 것이다. 그런 점에서 세계 그 자체와도 같

다. 때문에 음악은 글이나 그림 등의 효과보다 훨씬 더 직접적이고 강렬하다. 따라서 음악은 다른 예술들과의 관계에서 특별한 위치를 차지하게 된다.

결국엔, 인정받은 철학자

1831년, 함부르크에 콜레라가 퍼졌을 때, 헤겔이 죽었다. 헤겔이라는 이성 중심 사상의 거목이 사라지면서, 그에 가려졌던 철학들이 하나둘씩 주목받기 시작한 것이다. 역설적으로, 쇼펜하우어의 철학 전반을 다루고 있는《의지와 표상으로서의 세계》는 별로 주목을 받지 못했지만, 이것의 부록이라 할 수 있는《부록과 부유》가 대 히트를 쳤다. 이 책의 성공으로 사람들은 쇼펜하우어의 사상과 그의 대표작을 읽게 되었고, 그렇게 세상으로부터 명성을 조금씩 얻게 되었다. 세상을 증오했지만, 세상으로부터 인정을 받고 싶었던 쇼펜하우어는 죽음의 문턱 앞에 선, 백발의 노인이 되어서야 그토록 바라던 큰 명성을 만끽했다. 하지만 헤겔과의 대결에서 결국 쇼펜하우어가 이긴 것이라고 보는 견해도 있다. 쇼펜하우어의 철학이 니체, 프로이트, 융, 비트겐슈타인, 아인슈타인 등 위대한 학자들과 도스토옙스키, 톨스토이, 토마스 만, 바그너, 카프카, 헤르만 헤세 등 수많은 예술가에게 큰 영향을 주었기 때문이다.

"인간 존재는 우주와 분리된 개체가 아니라 우주의 일부이다.

175

인간은 스스로를 우주에서 분리된 독립된 객체로 알고 살아가지만,

그것은 시각적 착각일 뿐이며, 이런 착각이 인간을 고통에 빠트린다.

비좁은 감옥에서 벗어나 모든 생명체를 연민의 감정으로 부둥켜안고 살아야 한다.

물론 그런 경지에 완전히 도달할 수 있는 사람은 거의 없겠지만,

비좁은 감옥에서 벗어나려는 노력 하나만으로도 고통에서 해방될 수 있다." - 알버트 아인슈타인

쇼펜하우어의 철학은 현대 심리학에 큰 영향을 미쳤는데,《의지와 표상으로서의 세계》에서 쇼펜하우어가 말하는 의지의 세계는 무의식의 세계와 밀접한 관련이 있다. 그에 따르면, 인간의 이성은 두뇌 현상일 뿐이고 이성은 의지의 제약을 받는다. 쇼펜하우어가 말하는 의지는 마음속의 의식 아닌 영역에 존재한다. 이러한 견해는 무의식을 대중화시킨 정신분석학 창시자 지그문트 프로이트와 칼 융에게 지대한 영향을 주었다. 쇼펜하우어의 형이상학을 심리학적인 것으로 번역한 것이 바로 프로이트의 무의식과 자아에 관한 서술이다.

니체는 어느 날 오래된 서점에서 쇼펜하우어의 책을 발견했다. 이 때 니체는 이상한 체험을 하게 된다. 어떤 정령이 귀에다 대고 "이 책을 집으로 가져가라."라고 외친 것이다.

평소 책을 신중하게 고르든 니체였지만, 이번만큼은 상황이 달

랐다. 그는 앞뒤생각하지 않고 바로 그 책을 구입했다. 그리고 집에 도착한 니체는 곧바로 그 책을 읽기 시작했다. 이렇게 쇼펜하우어의 맹목적 의지는 니체를 만나 권력에의 의지로 다시 태어났다.

쇼펜하우어의 말

- 세계는 곧, 나의 표상이다.
- 행복은 주어진 환경 그 자체보다는 세상을 인식하는 개인의 기질에 좌우된다.
- 동정심은 모든 도덕성의 근본이다.
- (헤겔을 두고 한 말) 젊은이들을 망치는 인물. 종이를 허비하고, 시간을 낭비하고, 머리를 망치는 인물.
- 모든 진실은 세 가지 과정을 거친다. 첫째, 조롱당한다. 둘째, 격렬한 반대에 부딪친다. 셋째, 자명한 진실로 받아들여진다.

니체 Nietzsche

신은 죽었다. 너 스스로 초인이 되어라

프리드리히 니체(Friedrich Nietzsche, 1844 ~ 1900)

독일의 철학자이자 시인이다. 쇼펜하우어의 영향을 받아 이성 중심의 전통적 형이상학과 결별을 선언하고 의지의 철학으로 나아갔다. '신은 죽었다'라고 말한 그는 전통적인 서구의 기독교와 윤리 도덕을 비판하고 힘에 기반한 도덕을 설파하여 당시의 지식인들을 경악하게 만든 철학사의 이단아다. 그의 사상은 오늘날 철학 분야뿐만 아니라, 신학, 심리학, 문학, 미학 등 수많은 분야에 걸쳐 큰 영향을 미치고 있다. 저서로는 《비극의 탄생》, 《반시대적 고찰》, 《인간적인 너무나 인간적인》, 《차라투스트라는 이렇게 말했다》, 《선악의 저편》, 《도덕의 계보학》, 《이 사람을 보라》, 《권력에의 의지》 등이 있다.

철학사의 이단아

현대의 가장 위대한 철학가 중 한 명으로 꼽히는 프리드리히 니체는 1844년 독일 뢰켄에서 목사의 아들로 태어났다. 5세 때 아버지와 사별하고 어머니, 누이동생과 함께 할머니의 집에서 성장했다. 그는 어린 시절부터 음악과 문학에 천재적인 재능을 보였던 것으로 전해진다. 1864년에는 본 대학에 진학하여 고전문헌학과 신학을 전공했으며, 불과 25세의 젊은 나이로 바젤대학의 교수가 되었다. 그러나 1879년 건강이 악화되기 시작하여 교수직을 내려놓고 작품 활동에 몰두할 수 있는 최적의 환경을 찾아 방랑 생활을 하기 시작한다. 그는 주로 이탈리아와 프랑스 요양지에 머물며 저술 활동에만 전념했다. 1888년 정신이상이 심화되었고, 그 후 1900년 8월 25일까지 광인으로 살다가 생을 마감하였다.

그는 쇼펜하우어의 영향을 받아 이성 중심의 전통적 형이상학과 결별을 선언하고 의지의 철학으로 나아갔다. '신은 죽었다'라고 말한 그는 사람들이 신성시하고 믿어왔던 모든 규범과 가치에 반기를 들고 이를 망치로 깨부수려 했던 철학사의 이단아다. 전통적인 서구의 기독교와 윤리 도덕을 비판하고 힘에 기반한 도덕을 설파하여 당시의 지식인들을 경악하게 만들었다.

그의 사상은 특히 마르틴 하이데거, 칼 야스퍼스 등의 실존주의 철학자와 미셸 푸코, 질 들뢰즈, 자크 데리다 등 포스트모더니즘 경향의 철학자들에게 큰 영향을 주었다. 철학 분야뿐만 아니라, 신학, 심리학, 문학, 미학 등 수많은 분야에 걸쳐 큰 영향을 미치고 있다.

초인, 위버멘시

니체는 쇼펜하우어의 영향을 받아 이성 중심의 전통적 형이상학과 결별을 선언하고 의지의 철학으로 나아갔다. 니체 역시 이 세상이 고통으로 가득 차 있다고 보았고, 인간의 본질은 이성이 아니라 의지에 있다고 보았다. 하지만 쇼펜하우어와 니체, 두 철학자는 '의지'를 바라보는 관점에 큰 차이가 있었다. 쇼펜하우어가 말하는 의지는 맹목적 의지다. 맹목적 의지는 필연적으로 고통을 초래한다. 인간은 욕망을 추구하지만 쉽사리 충족되지도 않으며, 어렵게 충족된 욕망은 얼마 지나지 않아 다시 권태로 바뀐다. 그래서 인간은 결핍과 권태 사이를 오가는 시계추의 처지에 불과하다. 쇼펜하우어는 고통을 초래하는 맹목적 의지로부터 벗어나기 위해 철저한 금욕적인 생활을 해야 한다고 역설했다. 니체의 입장에서 볼 때, 쇼펜하우어는 의지의 가치를 간과했으며, 그가 말하는 의지로부터의 해방은 어불성설이었다. 쇼펜하우어의 금욕적 이상도 결국은 고통으로부터 벗어나려는 또 하나의 의지에 불과한 것이기 때문이다. 또한 모든 욕망을 내려놓겠다는 해탈에 대한 욕망이야말로 가장 커다란 욕망이 아니던가? 니체는 허무주의를 극복하고자 했고 쇼펜하우어의

'맹목적 의지'는 니체를 만나 '권력에의 의지'로 거듭났다. 자신의 욕망뿐만 아니라 그에 따른 고통이 깊이까지도 함께 끌어안고 사랑할 줄 아는 존재, 즉 초인(超人)이 탄생한 것이다.

니체가 말하는 초인은 하늘을 날아다니거나 자동차를 한 손으로 들어 올리지는 못하지만, 삶의 모든 고통을 초극하며, 끊임없이 자기 자신을 뛰어넘어 새로운 가치를 창조할 수 있다. 초인이란 외부의 가치를 따르지 않고 자신의 가치를 만드는 사람, 인간의 불완전성이나 제한을 극복한 이상적 인간을 말한다. 항상 자기 자신을 극복하는 존재이며, 자신과 세계를 긍정할 수 있는 존재이자, 지상에 의미를 부여하고 그 의미를 완성하는 주인의 역할을 하는 존재다. 니체는 그의 저서 《차라투스트라는 이렇게 말했다》에서 초인이란 '지성과 긍지로 가득 차 있고 생명력은 넘쳐나며 그것으로써 자신의 한계에 끝없이 도전하여 자신을 높은 곳으로 끌어올리는 사람'이라고 서술하였다. 니체가 말한 초인은 대략 다음과 같은 인간으로 정의할 수 있다.

니체가 말한 초인의 특징

- 남이 제시한 가치관에 기대지 않는 자.
- 고난과 고통이 있어도 거침없이 자신의 길을 걷는 자.
- 기성 질서와 권위에 현혹되지 않는 자.

– 나의 의지를 관철시키는 데 장애물이 있어도 담대한 태도로 밀어붙이는 자.

– 자신의 한계를 끊임없이 초월하는 자.

– 허무주의를 넘어선 자.

– 디오니소스적 긍정의 힘을 지닌 자.

  니체가 말하는 초인은 우리가 흔히 생각하는 슈퍼맨과 다르다. 초인은 비극적 상황에서도 자긍심을 잃지 않고 기존의 가치를 뛰어넘어 새로운 가치를 창조하는 극복인(克復人)이다. 우리는 내면에 고통이 없는 상태를 곧 이상적인 상태라고 생각한다. 고통이 없는 상태가 바로 행복 그 자체인 것이다. 하지만 니체는 고통이 없는 상태를 행복이라고 말하지 않는다. 고통을 초극하는 자신의 힘을 경험하는 것이 행복이라고 말한다. 이런 관점에서 초인은 고난을 견디는 것에 그치지 않고 고난을 사랑하는 사람이며, 오히려 고난이 찾아오기를 촉구하는 사람이다. 자신의 가혹한 운명마저도 사랑할 줄 아는 존재가 초인이다. 안락한 생존에만 연연하는 인간, 아주 작고 불편한 자극에도 불평을 쏟아내는 인간은 초인(超人)과 대조되는 존재로서 니체는 최후의 인간, 말인(末人)이라 했다. '초인'과 대비되는 최후의 인간 '말인'은 쾌락과 만족에 빠진 나머지 모든 창조력을 잃어버린 사람들이다. 작은 쾌락이나 소일거리에서 행복을 찾는 대부분의 현대인들이 이러한 '말인'에 해당한다.

  니체는 그의 저서 《차라투스트라는 이렇게 말했다》에서 어떤 존재가 초인(超人)에 도달하는 과정을 '낙타-사자-어린아이' 세 단계로 나누어 묘사했다.

1. 낙타

종래의 모든 가치체계를 수용하며 자신에게 부여된 무거운 짐들을 지고 사막의 길을 순종하며 걸어가는 단계이다. 사회의 통념이나 이론, 그 밖의 모든 규율과 법칙들에 대해서 앎이 낙타의 단계라고 할 수 있다.

종래의 가치체계, 기존 지식이 충분히 축적되고 난 후 비로소 이에 대한 비판과 대안이 제시되고 새로운 무엇인가를 찾아 나설 수 있다. 그래서 초인이 되고자 한다면 민저 기존의 것을 수용하는 낙타의 정신을 거쳐야 한다.

2. 사자

초원의 왕인 사자는 자유의 상징이다.

무조건적인 복종에서 벗어나 나 자신을 되찾아 나를 표현하는 단계이다.

사자는 자유를 갈망하고 고독을 견뎌내며 주체의식이 충만하다. 사자는 낙타처럼 '너는 해야 한다(You should).'에 순종하는 정신이 아니라 '나는 하고자 한다(I will).'라는 자유의지를 상징한다. 자신을 자각한 소수의 인간만이 뚜렷한 주체성을 가지고 기존의 질서에 의문을 제기할 수 있다. 하지만 자유에는 고통이 따르는 법. 우리가 사자이기 위해서는 고통을 감수해야 한다. 낙타는 타인이 만든 짐의 무게를 감당하며 걸어가지만, 사자는 스스로가 만든 짐의 무게를 감당해야 한다.

3. 어린아이

어린아이는 있는 그대로의 자신을 받아들이고 삶을 그 자체로 즐기는 존재다. 특별히 무언가를 되려고 하지 않고 집착하지도 않는다. 자연스럽게 즐길 뿐이다.

개인을 억누르던 모든 사회적 관습은 어린아이 앞에서 힘없이 무너지고 만다. 어린이들은 놀이에 몰입하면서 부모나 다른 형제, 친구의 감정을 무시하고 자신의 욕구에 집중한다. 그만큼 자기 욕망에 충실한 상태다. 어린아이는 있는 그대로의 자신을 상징한다. 선입견도 없고 쉽게 망각하는 어린아이는 주변 환경, 타인, 나아가 자기 자신마저도 있는 그대로 받아들이는 순수한 긍정을 의미한다.

니체가 말하는 가장 위대한 정신, 즉 초인의 모습이다.

* 권력에의 의지 : 권력에의 의지란 살아있는 모든 것의 내적 역동성, 주인이 되고자 하며 보다 크고 강력 하고자 하는 의지이다. 살아 있는 모든 것은 자신의 힘을 발휘하고 확장하려고 하는 의지를 갖는다. 권력을 추구하는 것은 악한 것이 아니다. 생명의 근본적인 현상일 뿐이다. 삶의 무상함과 고통을 긍정하면서 오히려 그것들을 자신을 강화할 수 있는 기회로 전환할 수 있는 인간만이 허무주의적 상황을 극복할 수 있다.

신은 죽었다

"신은 죽었다."

니체는 기독교에 뿌리를 내린 이 세상에 가장 도발적인 문장을 내던졌다. 기독교 집안에서 태어나 신학을 공부하며 자란 니체는 어째서 '신은 죽었다.'라고 외친 것일까. 신이 죽었다고 말하는 니체는 단순한 무신론자인가? 니체는 정말 신이 존재하지 않는 다는 사실을 증명한 것일까? 아니면, 신은 원래 존재했는데, 이젠 죽고 없다는 사실을 증명한 것일까? '신은 죽었다.'라는 니체의 문장은 오늘날에도 수많은 오해를 받고 있다. 우선 니체가 말한 '신'이 무엇인지부터 알아봐야 한다. 사람들은 니체가 말한 '신'이 무엇을 의미하는지 잘 모른다. 니체가 죽었다고 말하는 '신'은 기독교적 하나님이나 그리스도만을 의미하지 않는다. 여기서 신은 절대적인 가치, 진리 따위를 상징한다.

즉, 이제까지 인간을 지배해왔던 모든 종교적, 철학적, 도덕적 이념들을 상징적으로 표현하는 개념인 것이다. 서구의 사상은 필연적으로 기독교적 세계관에 뿌리를 내리고 있다. 기독교는 무엇이 절대적 진리인지, 무엇이 최고의 가치인지, 무엇이 선한 것인지를 설파하면서 우리가 어떠한 삶을 살아야 하는지를 우리의 의지에 앞서 미리 결정해버린다. 플라톤은 세계를 이분법적으로 접근하여 분석했다. 이것이 바로 현상계와 이데아의 세계이다.

현상계는 가변적이고 유한한 우리의 경험세계에 불과하지만, 이데아는 영원불멸하고 초경험적인 세계다. 참된 진리와 미는 이데아에 속해 있는 것이다. 세계를 이분법적으로 해부하는 이러한 접근은 수많은 버전을 가지고 있는데, 세계를 현상계와 물자체로 나눈 칸트가 그렇고, 기독교적 교리가 그렇다. 기독교도들 역시 플라톤과 칸트처럼 세계를 원죄를 가지고 태어난 인간들이 존재하는 '이 세계'와 천국에 있는 '저 세계'로 나누는 이분법을 가지고 있다. 세계를 '이 세계'와 '저 세계'로 나누는 것은 '이 세계'에 대한 암묵적인 폄하를 담고 있다. 증명할 수도 없는 '저 세계'가 우리에게 신성화된 의무를 부여하고 명령을 내림으로써 '이 세계'에 대한 가치를 폄하하는 것이다. 플라톤은 '이 세계'가 참된 세계가 아니라고 역설하며 기독교는 '이 세계'를 죄로 타락한 세계로 본다.

그래서 니체가 말하는 신은 '이 세계'를 폄하하는 기준이 되는 '저 세계', 즉 절대적 진리나 초월적인 선을 의미하는 것이다. 다시 말해 '신은 죽었다'라는 상징은 인간을 지배해온 전통적 가치와 도덕 원칙들이 힘을 잃었다는 것을 의미한다. 당시의 사회는 종교와 과학 간 충돌, 종교개혁으로 인해 인간을 지배해온 기독교적 가치와 도덕 원칙들이 힘을 잃기 시작했다. 사람들은 그동안 절대적 진리로 간주되어왔던 것들에 의문을 품기 시작했고 니체는 그것을 지적해 "신은 죽었다"고 표현한 것이다.

지금까지 인간을 지배해온 종교적, 철학적, 도덕적 이념이 사라지고 없는 시대, 이 빈자리를 무엇으로 채울 것인가? 우리는 이 허무함을 어떻게 극복할 것인가? 절대적 가치를 상실한 우리는, 대체 무엇에 의존해야 한다는 말인가? 니체는 우리에게 초인이 되라고 주문한다. 이제 신이 죽어 비어 있는 자리는 '권력에의 의지'를 추구하는 '초인'이 대신한다. 절대적 진리가 없고, 모든 것이 허무하다는 것을 능동적으로 바꾸면 바로 그 자리에 자신이 스스로 새로운 진리와 가치를 세울 수 있다는 뜻도 된다. '신은 죽었다'라는 말은 너 스스로의 가치를 창조하라는 말과 같다. 더는 절대적 가치에 의존할 필요도 없고 의지할 만한 완벽한 가치체계가 존재하지 않는다고 투덜댈 필요도 없다.

아모르파티, 운명애

"나는 아무리 낯설고 가혹한 문제에 직면해서도 삶 자체를 긍정한다. 자신의 최상의 모습을 희생시키면서 자신의 고유한 무한성에 환희를 느끼는 삶에의 의지. 이것을 디오니소스적이라 부른다."

– 니체, 《이 사람을 보라》

니체는 인간이 운명을 대하는 태도를 크게 세 가지로 구분했다.

하나는 인간이 자신의 의지로 모든 것을 이룰 수 있다고 보는 태도다. 인간은 자신의 의지로 운명도 결정지을 수 있다는 것이다. 이는 일종의 자유의지의 철학으로 얼핏 보기에는 힘차고 주체적으로 보이기 때문에 니체의 철학과 유사해 보인다. 하지만 극단적인 자유의지의 철학을 니체는 단죄의 철학이라고 비판한다. 인간이 자신의 운명을 결정지을 수 있다는 자유의지의 철학은 힘차고 희망적으로 보이지만 그것은 곧 실패에 대한 용서가 없음을 의미한다. 하지만 초인은 성공을 전제하지 않는다. 초인(超人)과 말인(末人)을 구분하는 기준은 삶을 대하는 실존양식에 있는 것이다.

다른 하나는 숙명론이다. 숙명론에 따르면 인간의 운명은 애초부터 정해져 있으므로 인간은 무기력한 존재에 불과하다. 숙명론적 태도는 일종의 패배주의로서 자신의 모든 불행을 운명의 탓으로 돌리기 쉽다.

마지막으로는 운명을 긍정하고 사랑하는 태도다. 이것이 니체가 말한 운명애, 즉 아모르 파티(Amor fati)다. 니체가 볼 때 운명을 사랑한다는 것은 운명을 거부하는 것도 맹목적으로 순종하는 것도 아니다. 운명을 사랑한다 함은 운명을 아름답게 조각하는 것이다. 물론 그 창조의 과정에는 고통이 동반되겠지만 말이다.

니체의 운명애는 삶이 만족스럽지 않거나 힘들더라도 자신의 운명을 받아들여야 한다는 개념이다. 그렇다고 고난과 어려움 등에 굴복하거나 체념하는 것 같은 정신승리, 즉 수동적인 삶의 태도를 의미하지는 않는다. 니체가 말하는 아모르 파티, 즉 운명애는 자신의 삶에서 일어나는 어려움조차 받아들이는 적극적 방식의 삶의 태도를 의미한다.

즉 부정적인 것을 긍정적인 가치로 전환하여 자신의 삶을 긍정하고, 그에 대한 책임을 지는 것이다. 사기를 당했어도, 실업난에 허덕여도, 사고로 신체 일부를 잃었어도 모든 책임은 여러분에게 있다. 왜냐하면, 여러분이 인생의 주인이기 때문이다. 사기를 당해서 손해를 입었다면, 잘못은 사기꾼에게 있지만, 긍정적인 에너지를 회복하고 인생을 다시 꾸려나갈 책임은 전적으로 당신에게 있는 것이다. 그 누구도 대신해 줄 수 없다.

영원회귀, 현재의 삶이 영원히 되풀이된다면?

"어느 날 낮이라도 좋고 밤이라도 좋다. 혼자서 적막하게 있는데 한 악령이 슬며시 다가와 이렇게 속삭인다. 너는 현재의 삶을 그리고 지금까지 살아온 이 현실의 인생을 일획의 수정 없이 다시 한 번, 아니 무한 반복해서 살아야 한다. 새로운 것이라고는 아무것도 없다. 일체의 고통, 일체의 환호, 일체의 사유와 신음, 네 생애 가운데 있었던 작고 큰 일체의 것들이 동일한 순서, 동일한 결과대로 너에게 되돌아온다. 현존의 모래시계는 영원히 회귀한다고 말한다면 너는 굴복하지 않고 분노한 나머지 그렇게 말한 악령을 저주하겠는가 아니면 '너는 신이다. 나는 너 이상으로 신다운 것을 보지 못하였다'라고 안도의 대답을 주겠는가?" – 니체, 《차라투스트라는 이렇게 말했다》

니체가 말하는 영원회귀에서는 내세를 인정하지 않는다. 지금 우리가 존재하는 현세에 주목한다. 이 세계는 신에 의해 창조된 것이 아니라 스스로 존재하고, 운동하며, 생성 소멸한다. 초인은 오직 현재의 삶, 순간의 생을 절대적 가치로 긍정할 뿐이다. 초인은 현실의 생을 너무나 사랑한 나머지 생의 모든 순간이 결코 소멸되지 않고 다시 회귀해서 영원히 되풀이되길 바란다(물론 니체가 이 세계가 정말로 그렇게 돌아간다고 생각하는 것은 아니다. 이것은 일종의 사유 실험이다).

마치 현재의 삶이 영원히 되풀이된다는 자세로 삶을 대해야 한다는 것이다. 내세를 상정하지 말고 현재가 무한 반복된다는 듯이 온 힘을 다해 삶을 살아야 한다는 가르침인 것이다. 그만큼 현실을 사랑하라는 이야기다. 영원히 되풀이된다고 해도 후회가 없을 만큼 우리는 성실하게, 최대한 멋지고 만족스럽게 살아야 한다. 이것이 바로 삶을 대하는 초인의 태도다.

초인에게 내세가 있다면 현실의 삶이 불만족스럽더라도 내세에서 더 만족스러운 삶을 기대하게 된다. 내세의 상정은 우리가 두 다리로 지탱하고 서 있는 현실 세계, 즉 '이 세계'에 대한 암묵적인 폄하가 깃들어 있다. 그렇게 되면 우리는 현세의 삶을 소홀히 하게 된다. 권력에의 의지는 축소된다.

영원회귀란 허무주의의 가장 극단적 형태로서 인간을 궁극적 결단의 상황에 직면케 하는 최대의 무게를 갖는 사상이다. 여기서 아모르파티, 즉 운명애가 나온다. 아무리 힘든 운명이라도 단순히 견디는 것을 넘어 사랑하는 일이다. 인생에 있어 변경을 요구하지 않을 만큼 충실히 하는 것. 운명애는 맹목적으로 순환하는 것 같은 삶의 과정을 자기 고양의 필연적 계기로 승화시킬 수 있는 삶의 태도를 말한다.

우리가 다시 살고 싶지 않은 삶을 살고 있다면, 최선을 다하지 못하고 있음이 분명하다. 하루하루를 무의미하고 무기력하게 보내는 사람은 자신의 삶이 무한 반복된다는 것에 대해 극도의 거부감을 넘어 두려움을 느낄 것이다. 그렇게 우리의 삶이 무한 반복된다고 상상했을 때, 우리가 삶을 어떻게 살아야 하는지가 자명해진다.

니체의 말

- 강한 신념이야말로 거짓보다 더 위험한 진리의 적이다.
- 나를 파괴시키지 못하는 것은 무엇이든지 나를 강하게 만들 뿐이다.
- 신은 죽었다.
- 근거없이 지적인 원칙들에 습관이 드는 것을 우리는 신앙이라 부른다.
- 사실이란 것은 없고, 해석만 있다.

제러미 벤담 Jeremy Bentham
행복이 증가하면 옳은 행동이다

제러미 벤담(Jeremy Bentham, 1748 ~ 1832)

영국의 법학자이자 윤리학자다. 12세에 옥스퍼드 대학 퀸스칼리지에 입학할 만큼 영재였

고, 21세에 변호사 자격을 얻었으나 법관이 아닌 법이론가가 되기로 결심하여, 철학자의

길을 걷게 된다. 벤담은 1789년 발표한 《도덕 및 입법 원리의 서론》에서 공리주의 사상의

핵심 원리들을 체계화하여 공리주의를 대표하는 사상가가 되었다. 공리주의는 어떤 행위

의 옳고 그름은 그 행위의 결과가 이익과 행복을 늘리는 데 얼마나 기여하는가에 따라 결

정된다고 본다. 벤담은 이러한 공리의 원리를 개인적 차원의 생활에 적용할 수도 있지만,

법을 만들고 집행하는 과정에도 똑같이 적용해야 한다고 보았다.

공리주의의 아버지

벤담은 1748년 영국 런던의 부유한 법조계 집안에서 태어났다. 벤담은 어린 시절부터 배움이 빨랐으며, 음악적 재능도 뛰어났다. 12세에는 옥스퍼드 대학 퀸스칼리지를 최연소로 입학했으며, 21세에 변호사 자격을 취득했다. 벤담의 아버지는 아들이 대법관이 되길 기대했지만, 벤담은 법관이 아닌 법이론가가 되기로 결심하여, 철학자의 길을 걷게 된다(벤담은 당시 영국의 재판 및 소송절차의 비효율성과 관료 및 법조인의 부정부패에 대해 뿌리 깊은 혐오감이 있었다).

그러는 와중에 벤담은 책을 써서 돈을 벌어보려고 했으나, 글을 쓰는 것에 비해 많은 돈을 벌지는 못하였고, 결국 다른 실천적 기획에 뛰어들었다. 그 중 하나가 파놉티콘이다. 1786년 38세의 벤담은 기술자였던 동생 새뮤얼 벤담을 만나기 위해 남부 러시아를 방문했다가, 노동자를 통제하는 산업시설을 보고, 파놉티콘의 건축아이디어를 얻었다. 파놉티콘은 제러미 벤담이 설계한 가상 건물이다. 파놉티콘은 중앙에 전망대가 있는 원형의 건물로, 경비원들이 중앙에 있는 전망대에서 건물 주변에 배치된 수감자들을 관찰할 수 있게 설계되었다. 수감자들은 간수를 볼 수 없지만, 간수는 수감자들을 관찰할 수 있기 때문에, 수감자들은 계속 감시당하는 느낌을 받게 되는데, 벤담은 이 감옥의 형태가 수감자들이 규칙을 스스로 지키고,

행동자제력을 향상할 수 있는 환경을 조성하여 보다 효율적이고 효과적인 처벌과 보상 시스템을 제공할 수 있다고 믿었다. 즉, 파놉티콘은 감시와 처벌로써 수감자들을 고통스럽게 하려고 고안한 것이 아니라, 보다 효율적 감시체계로 수감자들이 간수들의 폭력으로부터 벗어날 수 있게 하려고 고안한 것이다. 공리주의자다운 생각이 아닐 수 없다. 그렇게 《파놉티콘》은 책으로 출간되었고, 벤담은 프랑스어판 《파놉티콘》을 1791년 프랑스 국민의회에 제출하였다(애초 영어로 쓴 원본은 파놉티콘의 기술적 세부사항을 상세히 다루고 있지만, 프랑스어판은 프랑스 의원들을 설득하기 위한 목적으로 원본의 핵심만을 뽑아 정리해 놓은 것이어서 원리를 이해하기가 쉽다). 이 소책자는 프랑스 의회에서 만장일치로 채택되어, 구상이 곧 실행에 들어갈 예정이었으나 이듬해 프랑스 혁명으로 정국이 급변하면서 폐기되고 말았다.

한편 벤담은 법이론에 관한 연구에도 집중하여 1789년 공리주의 사상의 핵심 원리들을 체계화한 《도덕 및 입법 원리의 서론》을 출간하면서 공리주의를 대표하는 사상가가 되었다. 공리주의는 어떤 행위의 옳고 그름은 그 행위의 결과가 이익과 행복을 늘리는 데 얼마나 기여하는가에 따라 결정된다고 본다. 벤담은 이러한 공리의 원리를 개인적 차원의 생활에 적용할 수도 있지만, 법을 만들고 집행하는 과정에도 똑같이 적용해야 한다고 보았다.

공리주의의 주창자답게 벤담은 자신의 주검을 공공의 이익에 최대한 부합하게 쓰라는 의미에서 런던 대학에 전시용으로 기증했다.

유니버시티 칼리지 런던(University College London)에 전시된 벤담의 모습. 보존처리에 실패하여 머리 부분의 모습이 흉하게 변하였고, 현재는 머리를 밀랍인형으로 만들어 교체한 상태다.

최대다수의 최대행복은 도덕과 입법의 초석이다

"공리란 이해 당사자에게 이익, 이득, 쾌락, 좋음, 행복을 산출하거나 해악, 고통, 악, 불행의 발생을 막는 경향을 가진 어떤 대상의 속성을 의미한다. 만약 이해 당사자가 공동체 전체라면, 그 공동체의 행복을 의미한다. 만약 이해 당사자가 특정 개인이라면, 그 개인의 행복을 의미한다." – 벤담, 《도덕 및 입법 원리의 서론》

기존의 철학자들은 정언적인 도덕추론을 하였다. 행위의 결과보다는 의무와 행위 자체에 따라 도덕성을 판단한 것이다(결과에 상관없이 행동 그 자체의 본질적 성격을 고려). 대표적인 철학자로는 임마누엘 칸트가 있다. 하지만, 결과와 상관없이 행동의 도덕성을 중시하는 의무론적 도덕추론은 도덕법칙 간의 충돌 시 모순이 발생한다는 문제점이 있다. 모든 도덕법칙을 지킬 수 있다면 좋겠지만, 구체적이고 특정한 상황 속에서 살아가는 인간은 반드시 도덕법칙의 충돌을 경험하게 되고, 충돌하는 도덕법칙 중, 어느 것을 지키고, 어느 것을 어겨야 하는지 고민하는 상황에 부닥치게 된다. 하지만 제러미 벤담으로 대표되는 공리주의는 목적론적 도덕추론을 하기에 그 모순을 해결할 수 있게 된다. 어떤 행동이 우리에게 얼마나 많은 이익을 주는가를 기준으로 옳고 그름을 판단하는 것이다. 공리주의자에게 있어 쾌락은 곧 선이고, 고통은 곧 악이다. 결국, 어떤 행위가 가져다주는 쾌락의 양과 고통의 양을 계산하여, 합계에서 쾌락이 최대가 되는 행위를 선택하는 것이 도덕적으로 옳은 선택이 되는 것이다.

현실적용에 유리한 철학이론

　벤담은 공리의 원리를 개인적 차원의 생활에 적용할 수도 있지만, 법을 만들고 집행하는 과정에도 똑같이 적용해야 한다고 보았다. 즉 벤담에게 있어 도덕적이고 정의로운 법이란, 사회의 모든 사람의 전체적 행복을 양적으로 증진시킬 수 있는 법이다. 한 사람 한 사람의 행복을 계산해서 사회 전체적인 행복의 총량을 극대화하는 법과 제도가 도덕적이고 정의롭다고 판정하는 셈이다. 이 논리를 기반으로 벤담은 사회를 어떻게 이끌어야 할지에 대해 명확한 답을 제시한다.

예를 들어, 어떤 시에 쓰레기 소각장을 건설할 경우, A 지역에 세우면 A 지역 주민들 1,000명이 고통을 받게 되고, B 지역에 세우면 B 지역의 주민 2,000명이 고통을 받게 된다고 하자. 구성원 한 사람 한 사람의 쾌락을 평등하게 계산하기 때문에 소각장을 A 지역에 세울 경우, 공리가 1,000(2,000−1,000)이, B 지역에 지을 경우엔 공리가 -1,000(1,000−2,000)이 된다. 따라서 A 지역에 짓는 편이 최대다수의 최대행복을 실현하고, 도덕적으로 옳은 선택이 될 것이다. 한편, 벤담은 세상엔 다양한 쾌락들이 존재하지만, 이들 사이에는 질적인 차이가 없다고 보았다. 지적인 쾌락이나 육체적 쾌락이나 질적인 차이는 없고, 단지 크기만을 기준으로 수치화해서 비교할 수 있다는 것이다. 그래서 벤담의 공리주의를 양적 공리주의라고 한다.

공리주의에서 중요한 것은 '유익함'의 정도를 측정하는 것인데, 소각장 설치의 예시는 독자들의 이해를 돕기 위해 많은 부분을 생략한 것이고, 벤담은 유익함을 측정하는 척도로 쾌락의 강도, 지속성,

확실성, 근접성, 생산성, 순수성, 범위성 등 7가지 기준을 제시했다. 이 7가지의 기준을 통해 끊임없이 쾌락과 고통의 양을 계산해 나가며 공리를 증진시키자는 것이다. 그의 공리주의 개념은 입법에의 반영을 목적으로 하고 있는 만큼, 기존의 관념적인 윤리학과 비교해 볼 때, 분명 현실 적용에 용이하다는 장점을 가지고 있었다.

하지만, 벤담의 공리주의는 크게 두 가지 면에서 비판을 받았다. 하나는 쾌락의 총량을 중시하기 때문에, 자칫 소수의 행복이 무시 당할 수 있다는 것이다(다수의 이익을 위해 소수의 이익을 희생시킬 수 있다는 논리라기보다는 개인의 이익 추구 방향이 다수의 이익과 조화를 이룰 수 있도록 하는 과정에서 나타나는 입법상의 불가피성이라고 보는 것이 타당하다). 다른 하나는, 사람들이 추구하는 모든 가치와 기호를 하나의 척도로 계산하여 나타내는 것은 무리이며, 각 쾌락에는 분명, 질적인 차이가 존재한다는 것이다. 벤담의 공리주의는 이러한 문제들을 해결할 수 없었고, 사람들은 점차 '쾌락의 양을 계산'한다는 것에 의문을 갖기 시작하였다.

다수의 생존을 위해 한 명을 살인해서 식인을 했다면, 그것은 정의로운 행동인가? 미뇨네트호 사건은 영국선 미뇨네트호가 희망봉 앞바다에서 난파하여, 표류 18일만에 음식이 떨어지자 선원 3명이, 소년 선원 1명을 죽여 그 고기를 먹고 살아남은 이야기를 담고 있다. 이 사례에서 선원들의 행위가 결과적으로 공리를 증대시켰지만, 도덕적으로 옳다고 할 수 있을까?

공리주의의 한계와 반박

벤담 본인도 공리의 원칙에 문제점이 많다는 것을 충분히 인식하고 또 인정했으나, 이는 다른 대안도 마찬가지라고 지적한다. 공리의 원칙이 다른 대안들과 비교해서 갖는 우위는 입법 정책과 관련해서 현실 적용에 용이하다는 점이다. 쾌락의 강도, 지속성, 확실성, 근접성, 생산성, 순수성, 범위성 등 7가지 기준을 통해 어떤 정책적 대안을 선택해야 할지 우리는 비교적 명확하게 파악할 수 있을 뿐더러, 그것은 사회 보편에 충분한 판단의 근거로서 작용할 수 있기 때문이다. 벤담은 이 공리의 원칙을 버린다면, 우리가 판단하고 행동하는 모든 근거는 사의적일 수밖에 없다고 주장한다. 만약 자의적이지 않은 원칙을 발견했다면, 그것 역시 공리의 원칙에 속해있음을 부정할 수 없을 것이다.

또한, 공리주의가 개인이나 소수자의 권익보호에 취약한 면을 지닌 것은 사실이지만, 사회 전체의 이익과 충돌하지 않을 때는 개인 권리를 수용할 수 있는 유연성을 갖추고 있다. 각자의 이익추구의 정도를 고려하지 않고, 오직 수의 다과에 의해서만 의사결정을 내리는 다수결 원칙과 비교해본다면, 소수자의 욕구를 인정한다는 점에서 진일보한 윤리이론이라 할 수 있다.

한편, 칼 마르크스는 최대 다수의 최대 행복이라는 공리주의적 인간관 관점을 지지했지만, 공리주의가 내포한 자본주의 원칙에 대해선 비판했다. 자본주의 사회에선 다수의 노동자가 자신이 노동한 만큼 상품의 양(또는 재화)을 분배받지 못하며, 잉여가치를 뽑아내는 용도로 착취당한다고 보았기 때문이다. 자본주의의 고질적 문제인 잉여가치 독식에 대해 이해하지 않고서는, 생산물의 총량 자체만으로는 인류의 쾌락 증진에 도움을 주지 못한다는 것.

"누군가가 공리의 원칙에 맞서 싸우려 든다면, 그 자신은 의식하지 못하겠지만 그 싸움도 바로 이 원칙 자체에 근거하고 있다. 그의 논증이 무언가를 증명한다면, 그것이 증명하는 바는 공리의 원칙이 그르다는 것이 아니라 그가 이 원칙을 적용했다고 상상하는 사례들에서 이 원칙이 잘못 적용되었다는 사실이다. 한 사람이 지구를 움직이는 것이 가능한가? 그렇다. 그러나 그는 먼저 자신이 딛고 설 또 하나의 지구를 발견해야 할 것이다." - 벤담, 《도덕 및 입법 원리의 서론》

....

벤담의 말

- 자연은 인간을 고통과 쾌락의 통치 아래에 두었다.
- 최대 다수의 최대 행복은 도덕과 입법의 초석이다.
- 중요한 것은 그들이 이성이 있는가, 말을 할 수 있는가가 아니다. 중요한 것은 동물들도 우리들처럼, 고통을 느낀다는 사실이다.
- 변호사의 권력은 법의 불확실성에 있다.

존 스튜어트 밀 John Stuart Mill
만족한 돼지보다 불만족한 인간이 낫다

존 스튜어트 밀(John Stuart Mill, 1806 ~ 1873)

영국 철학자이자 사회학자, 정치경제학자이다. 논리학과 윤리학, 정치학, 사회평론 등 여러 분야에 걸쳐 다양한 저술을 남긴 인물이다. 흔히 '배부른 돼지보다는 배고픈 소크라테스가 낫다'라는 문장으로 표현되는 '질적 공리주의'를 주장했으며, 이는 쾌락의 질적 차이를 인정하는 것이다. 양보다는 질이 높은 쾌락을 중요시했으며, 대표 저서로 《자유론》을 남겼다.

다방면에서 뛰어난 영재

밀은 1806년 영국의 경제학자이자 철학자인 제임스 밀의 아들로 태어났다. 제임스 밀은 존 로크의 인식론(인간은 완전한 백지상태로 태어난 후 다양한 경험을 축적해가며 여러 가지 관념들을 습득한다)에 심취해 있었고, 자신의 아들을 올바른 방식으로 교육시키면 분명 위대한 인물로 성장하리라 생각했다. 그는 자신의 가설을 아들을 통해 증명하고자 했다.

아버지의 혹독한 조기교육 덕분에 밀은 어렸을 때부터 또래와 놀면서 시간을 보내기보다는 그리스어와 대수학을 공부하며 자랐다. 7세에는 플라톤의 대화편을 이해했고, 12세에는 철학, 경제학, 정치학, 역사학 등에 두루 넓은 식견을 갖출 수 있었다. 문과적 영역에서만 두각을 드러낸 것은 아니다. 그는 수학과 과학 등 이공계 영역에서도 우수함을 보였다. 공리주의의 아버지인 제러미 벤담은 자신의 저서 《판례의 합법적 근거》의 출간을 앞두고 그 당시 10대 소년에 불과했던 밀에게 수정과 보완을 맡기기도 했다. 벤담이 밀의 천재성을 확신하고 있었음을 추측해볼 수 있는 대목이다.

아버지의 교육방식이 성공을 거둔 것일까, 아니면 밀이 본래 영재로 태어난 것일까?

필자의 개인적 생각으로는 후자의 비중이 컸다고 생각한다. 아무리 후천적 교육과 경험이 중요하다고 해도 모든 아이들을 밀처럼 만들 순 없기 때문이다. 밀은 본바탕이 영재였고, 여기에 적절한 교육적 환경이 배합되어 천재적인 결과가 도출된 것으로 보아야 한다.

벤담의 양적 공리주의

서양의 윤리관은 의무론과 목적론으로 구분된다. 독일의 철학자 칸트는 결과보다 동기를 중시하고, 외부의 요인보다 스스로의 이성의 법칙을 중시하는 의무론적 윤리관을 주장했다. 이를 의무론이라 한다. 하지만, 영국의 철학자이자 법학자인 제러미 벤담(1748~1832)은 최대다수의 최대행복의 실현이라는 공리의 원리로 사회가 선택해야 할 도덕에 명확한 정식을 부여했다. 공리주의에서 중요한 것은 '유익함'의 정도를 측정하는 척도에 있다. 어떤 행동이 우리에게 얼마나 많은 이익을 주는가를 기준으로 옳고 그름을 판단한다. 공리주의자에게 있어 쾌락은 곧 선이고, 고통은 곧 악이다. 결국, 어떤 행위가 가져다주는 쾌락의 양과 고통의 양을 계산하여, 합계에서 쾌락이 최대가 되는 행위를 선택하는 것이 도덕적으로 옳은 선택이 되는 것이다. 목적론은 행위의 결과가 추구하는 목적에 부합한다면 그 행위를 옳은 것으로 본다.

벤담은 이러한 공리의 원리를 개인적 차원의 생활에 적용할 수도 있지만, 법을 만들고 집행하는 과정에도 똑같이 적용해야 한다고 보았다. 즉 벤담에게 있어 도덕적이고 정의로운 법이란, 사회의 모든 사람의 전체적 행복을 양적으로 증진시킬 수 있는 법이다. 한 사람 한 사람의 행복을 계산해서 사회 전체적인 행복의 총량을 극대화하는 법과 제도가 도덕적이고 정의롭다고 판정하는 셈이다.

배부른 돼지보다 배고픈 소크라테스가 되는 게 낫다

벤담의 양적 공리주의 개념은 기존의 관념적인 윤리학과 비교해 볼 때, 분명 현실 적용에 용이하다는 장점을 가지고 있었지만, 쾌락의 총량만을 중시하기 때문에, 자칫 소수의 행복이 무시당할 수 있다는 문제점을 가지고 있었다.

존 스튜어트 밀은 벤담의 공리주의를 이어받았지만, 벤담의 양적 공리주의에 문제가 있다고 보고 새로운 시각을 도입했다. 쾌락의 질적 차이에 주목하여 공리주의를 수정한 것이다. 예를 들어, 독서를 통해 얻는 쾌락의 양과 마약을 통해 얻는 쾌락의 양이 같다고 해도, 질적으로 두 행위는 결코 동일하지 않다는 것이다. 그래서 밀의 공리주의를 질적 공리주의라고 한다.

최대 다수의 최대 행복을 실현하는 행위를 선택했을 때, 사회 전체 행복의 총량이 최대가 되어도, 그 사회의 구성원 전원이 이익을 얻는 것은 아니다. 대부분의 사람들은 행복해질지라도, 일부의 사람들은 손해를 보거나 불행해지는 경우가 발생한다. 예를 들어, 어떤 병원에 각각 심장, 신장, 간이 나쁜 세 사람의 환자가 입원해 있다고 하자. 그들은 장기이식을 하지 않으면 곧 죽게 된다. 그런데 그곳에 어느 주정꾼 한 명이 실려 들어온다. 이 남자는 친척도 없고, 죽어도 찾아올 사람들이 없다. 이 남자 한 명을 살해하여 장기를 이식한다면, 세 사람이 행복을 얻고 한 사람이 불행해지므로 행복의 크기는 '3−1=2'가 된다. 그래서 한 사람을 희생시켜 이식을 진행하는 것이 최대 다수의 최대 행복을 실현하는 도덕적 행동이 되어버린다. 반면, 밀은 이것이 아이러니라고 생각했다. 이것은 너무 이기적이고 기계적이라는 것이다. 벤담은 행복의 기준인 쾌락을 양적으로 계산했지만, 여러 가지 쾌락의 사이에는 분명 질적인 차이가 있다. 따라서 질이 낮은 쾌락이 양적으로 많아졌다 하더라도, 소량의 질 높은 쾌락을 넘어설 수는 없다. 아무런 죄도 없는 사람을 살해하여 생명을 연장하는 저급한 쾌락을 몇 사람 몫으로 모아도 타인을 희생시키지 않는 삶의 방식을 선택하는 쾌락을 넘어설 수는 없다는 것이다.

더불어 밀은 인간으로서의 품위를 지키는 일이 매우 중요하다고 보았다. 품위를 지키는 것과 어긋나는 쾌락은 일시적 욕망의 대상이 될 수는 있으나 결코 근본적인 욕망의 대상이 되진 못한다. 밀은 이러한 생각을 '만족한 돼지보다는 불만족한 인간이 더 낫다. 만족한 바보보다는 불만족한 소크라테스가 더 낫다'라고 표현했다(물론 물질적 욕망 자체를 부정한 것은 아니다).

하지만 밀의 질적 공리주의 역시, 행동의 결과를 중시하는 결과주의로 인해, (양적 공리주의와 마찬가지로) 도덕을 결과적 행복의 수단으로 격하시켰다는 비판을 받는다.

모든 인간은 자유를 가질 권리가 있다

"각자가 자신이 좋다고 생각하는 방식대로 살도록 내버려두는 것이 각 개인을 타인이 좋다고 생각하는 방식대로 살도록 강제하는 것보다 인류에게 큰 혜택을 준다." – 밀, 《자유론》

공리주의는 쾌락을 늘리는 행위가 선이라고 보기 때문에 도덕적 엄격성보다는 개인의 자유를 최대한 인정하고, 쾌락을 위협하는 것만을 규제하고자 한다. 벤담은 개인이 이익과 행복을 추구하는 것을 적극적으로 인정하자는 의견을 펼쳤다. 나아가, 밀은 질적 공리주의자로서 쾌락의 질적 차이에 주목했기 때문에, 인간으로서 품위를 지키는 것과 자유를 누리는 것을 매우 중요하게 생각했을 것이다.

자유란 무엇인가? 자유라는 개념은 관점에 따라 다양하게 정의될 수 있다. 밀이 《자유론》에서 말하는 자유는 의지의 자유(자기 일을 스스로 결정할 수 있는 자유)보다는 시민적 혹은 사회적 자유에 가깝다. 즉, 다른 사람들과 함께 살아가는 사회 속에서 개인을 놓고 볼 때 무엇이 어디까지 허용될 수 있는지에 대한 자유이다. 밀은 인간의 생활과 행위 중에서 자기 자신하고만 관련되는, 세 가지 자유를 꼽았고 이것들이 모두 보장되어야만 진정으로 자유로운 사회가 될 수 있다고 보았다.

첫째, 내면적 의식의 영역(양심, 생각, 감정, 의견 등)

둘째, 기호에 따라 희망을 추구할 자유(개성에 따라 삶을 설계)

셋째, 결사의 자유(타인에게 해가 되지 않는 한 자유로운 모임 결성 가능)

사람은 누구든지 자신의 삶을 자기 방식대로 살아가는 것이 바람직하다. 밀은 개성(독창성, 독립성)을 중시하는 한편 사회성도 등한시하지 않는다. 그는 사회에서 보호받는 사람이라면, 누구든 자신이 혜택을 받은 만큼 사회에 갚아주어야 하며, 사회 속에서 사는 한 다른 사람들과 공존하기 위해 일정한 규칙을 준수하는 게 불가피하다고 주장했다. 즉, 다인의 이익을 침해하지 않는 범위 내에서 자신의 자유를 추구해야 한다는 것이다. 국가권력이 개인의 자유를 억누를 수 있는 경우는 타인에게 실질적인 피해를 줄 때뿐이다.

....

밀의 말

- 배부른 돼지보다 불만족한 인간이 되는 편이 낫다.
- 국가의 가치는 결국 그것을 구성하는 개개인의 가치이다.
- 훌륭하게 존재하는 모든 것은 독창력의 열매이다.
- 사람은 누구든지 자신의 삶을 자기 방식대로 살아가는 것이 바람직하다. 그 방식이 최선이어서가 아니라, 자기 방식대로 사는 길이기 때문에 바람직한 것이다.

칼 마르크스 Karl Marx

인류 전체의 역사는 계급투쟁의 역사다

칼 마르크스(Karl Heinrich Marx, 1818 ~ 1883)

독일의 사상가이자 경제학자. 엥겔스와 함께 《독일 이데올로기》에서 유물사관을 정립하

였고 《공산당 선언》을 발표했다. 공산주의 진영을 이끌던 소련이 붕괴한 후, 마르크스주

의는 현실에서 힘을 잃고 말았지만, 오늘날에도 마르크스의 이론은 철학적으로 논할 가

치가 많다. 자본주의에서 필연적으로 나타나게 될 문제와 모순점을 지적하고 이에 대한

해결책을 제시하고 있다는 점에서 자본주의가 이어지는 한 '마르크스주의'는 생명력을 유

지할 것이다.

변증법적 유물론

"철학자들은 세상을 다양한 방식으로 해석했을 뿐이다. 중요한 것은 세상을 바꾸는 것이다." – 마르크스, 《포이에르바흐에 관한 테제》

포이에르바흐는 신이란 인간의 본질이 반영된 것에 불과한데도, 그 신이 절대적 권위가 되어서 오히려 인간을 속박하고 있다며, 기독교를 비판했다. 즉 진리는 신이 아닌 인간 쪽에 있다는 말이다. 그는 신의 지배하에 있는 인간은 원래 인간에게 있어야 할 진리로부터 소외된 상태라고 생각했다. 따라서 포이에르바흐는 본래적인 것으로서의 인간성을 회복하는 일이 매우 중요하다고 주장했다. 그러나 마르크스는 그의 소외론에 이의를 제기했다. 그의 말마따나 본래적인 것으로서의 인간성이 애초에 존재한다면, 결국 그것은 신이라는 것과 별반 다를 게 없다는 것이다. 단지 신을 본래적인 것이라든가 인간성으로 대체시킨 것에 불과하다는 것이다.

마르크스는 본래적인 것이나 인간성이라는 것이 모두 신이라는 생각과 마찬가지로 인간이 제멋대로 만든 추상물에 지나지 않는다고 생각한다. 모두 원래부터 있었던 것이 아니고 사회적인 산물이라고 파악한다. 그래서 마르크스는 이러한 사회적 산물이 생겨난 메커니즘을 밝혀내기 위해 연구하였다.

마르크스는 헤겔의 제자인 포이에르바흐의 유물론을 차용해서, 자신만의 변증법적 유물론을 완성했는데, 바로 생산력, 즉 생산관계라는 하부구조가 상부구조인 제도, 법, 종교 등에 영향을 미친다는 것이다.

이는 결국 인간의 의식적 측면이 경제적 생산관계에 의해 규정된다 보는 것으로 역사를 움직이는 원동력은 물질적 생산 양식에 있게 된다. 결국, 세상을 변화시키는 일은 생산양식을 장악하는 혁명을 통해서만 가능하다.

＊ 포이에르바흐(Ludwig Feuerbach, 1804 ~ 1872)

19세기 독일의 철학자. 그의 철학의 공적은 그리스도교 및 관념적인 헤겔철학에 대한 비판을 통하여 유물론적인 인간중심의 철학을 제기한 데에 있다. 그의 철학은 후일, 마르크스와 엥겔스에 의해 비판적으로 계승되었다.

유물론과 관념론

세상을 해석하는 데는 크게 두 가지 생각법이 있다. 하나는 유물론적 방법이고 다른 하나는 관념론적 방법이다. 유물론자는 모든 현상이 물질의 상호작용에서 비롯된다고 본다. 유물론은 스펙트럼이 넓어서, 크게 존재론적 유물론, 기계론적 유물론, 변증법적 유물론으로 나눌 수 있다. 존재론적 유물론자는 존재하는 모든 것을 물질로 보며, 대표적 인물로 물을 만물의 근원으로 본 탈레스와 모든 현상을 원자의 운동으로 설명하려 했던 데모크리토스를 들 수 있다. 기독교가 중심을 차지하던 중세시대까지는 관념론이 대세였지만 17세기 계몽주의 시기에 와서, 모든 것이 기계처럼 물리법칙에 따라 운동한다는 유물론이 우세해지기 시작한다.

데카르트는 정신과 육체를 따로 구분하는 이원론적 입장을 가지고 있으면서도, 부분적으로는 기계론적 유물론의 입장을 취했다. 변증법적 유물론자로는 칼 마르크스가 대표적이다. 그는 물질이 관념을 결정한다고 생각했다. 물질과 관념을 모두 인정했지만, 주도권을 물질에 둔 것이다. 우리 사회에는 학문, 예술, 종교, 정치, 교육, 법, 철학이 있다. 우리는 이런 것들이 관념적인 가치를 실현하고 있다고 믿지만, 마르크스에 따르면, 이런 상부구조는 물질적 토대(생산양식)에 의해 좌우될 뿐이다. 즉, 학문, 종교, 예술, 정치 등의 상부구조는 단지 기득권자(자본가)가 자신들의 생산양식을 유지하기 위한 수단에 불과할 뿐이다. 그래서 사회를 변화시키려면, 상부구조를 바꿀 것이 아니라 혁명을 통해 생산양식을 빼앗아야 한다는 논리가 도출되는 것이다.

이번엔 관념론을 살펴보자. 관념론은 현실세계에 존재하는 것보다 인간의 사고 상에 존재하는 관념을 더 중시한다. 대표적인 관념론자로는 물질의 세계 이전에 이데아가 있다고 주장한 플라톤을 들 수 있다. 우리가 정삼각형, 이등변삼각형, 직각삼각형을 모두 삼각형으로 인식하는 것은 우리 정신에 이미 삼각형의 이데아가 존재하기 때문이다. 18세기에 활동한 독일 철학자 칸트 역시 대표적인 관념론자다. 칸트는 우리가 외부 세계를 관찰해서 정보(감각자료)를 획득한다고 말한다. 이때 경험의 정보들은 경험에 앞서 일정한 체계로 구성된 우리 정신을 통해 조직화되고, 비로소 의미 있는 것이 된다. 칸트는 우리가 외부의 사물 자체는 알 수 없으며, 단지 사물이 우리의 선험적 인식체계를 통과한 뒤에 보이는 것(현상)만 알 수 있다고 하였다. 칸트는 우리의 인식체계를 넘어서는 외부세계를 알려는 헛된 목표를 포기해야 한다고 주장하면서도, 인간은 물자체를 인식할 수는 없지만, 선험적인 인식 체계에 의해 물자체에 대한 보편적인 판단을 할 수 있게 된다는 점을 들어 이성의 기능을 회복시켰고 보편적 지식을 구원해냈다(코페르니쿠스적 전회). 이후 등장한 헤겔은 모든 현상과 개념을 포괄하는 일자가 존재한다고 주장한다. 이것은 역사적 과정을 통해 절대정신으로 드러난다.

역사발전의 원동력은 물질적 생산양식에 있다

앞서 언급했듯, 세상을 해석하는 데는 크게 두 가지 생각법이 있다. 하나는 유물론적 방법이고 다른 하나는 관념론적 방법이다. 유물론자는 모든 현상이 물질의 상호작용에서 비롯된다고 본다. 관념론은 현실세계에 존재하는 것보다 인간의 사고 상에 존재하는 관념을 더 중시한다.

관념론자인 헤겔은 역사의 발전을 절대정신의 실현으로 이해하였다. 역사는 정립, 반정립, 그리고 종합을 통해 계단식으로 발전하며, 이는 절대정신이 그 본질을 실현해가는 과정이다.

첫 단계에서는 정설이 발생하고, 두 번째 단계에서는 정설에 대한 비판이 일어나며, 마지막 단계에서는 정설과 그 정설에 대한 비판을 종합하여 실재에 대한 더 크고 바른 이해가 가능해지게 되는 것이다. 여기서 헤겔의 철학이 다분히 관념적이라는 것을 알 수 있다. 즉, 정신을 우선시하고, 물질은 부차적인 것으로 취급하여 역사를 해석한 것이다.

반면, 포이에르바흐는 관념적인 헤겔철학에 대한 비판을 통하여 유물론적인 인간중심의 철학을 제기했다. 유물론은 세계의 근원을 물질로 보는 사유방식이다. 물질이 모든 것의 근원이기 때문에 정신은 물질에 의해 일어나는 작용에 불과하게 된다. 정신은 뇌의 작용이며, 뇌가 죽으면 정신도 사라진다.

마르크스는 헤겔의 관념적 변증법을 선택적으로 수용하고 포이에르바흐의 유물론에 영향을 받아 세계변화를 설명하는 자신만의 사상을 정립했다. 마르크스는 지금까지 존재했던 모든 사회의 역사를 '계급투쟁의 역사'로 규정하였다. 즉 지배하는 자와 지배받는 자, 착취하는 자와 착취당하는 자, 가진 자와 가지지 못한 자 간의 대립과 투쟁의 역사로 파악하였다. 지배자와 피지배간의 대립 결과 역사는 변증법적 발전을 거쳐 궁극적으로는 인류는 계급 없는 평등 사회를 이룩할 수 있다고 마르크스는 주장하였다. 다만 학문, 종교, 예술, 정치, 교육, 법 등의 상부구조는 물질적 생산양식에 의해 좌우될 뿐이므로 생산양식을 빼앗는 혁명을 통해서만 사회를 변화시킬 수 있다.

그는 인류의 역사가 5단계의 발전 단계를 통해 계급 없는 평등 사회로 나아갈 수 있다고 주장했다.

마르크스가 생각한 역사 발전의 5단계

사회 단계	주요 구성 계급
원시 공산 사회	(무계급)
고대 노예 사회	(자유민/노예)
중세 봉건 사회	(영주/영노)
근대 자본주의	(자본가/노동자)
미래 공산주의	(무계급)

헤겔은 역사의 발전을 절대정신이 정반합의 과정을 통해 그 본질을 실현해가는 과정으로 해석했다. 헤겔은 절대정신의 최종목적이 자유의 실현에 있다고 보았다. 그래서 이 세상에 완전한 자유가 달성되었을 때가 곧 절대정신이 그 자체의 본질을 실현한 때이다. 마르크스는 사회가 변증법에 따라 변할 것임을 인정하면서도 여기에다가 유물론을 결합하여 역사발전의 원동력이 물질적 생산양식에

있음을 주장하였다. 그리고 발전의 마지막 단계에는 계급이 없는 평등사회인 '미래 공산주의'가 놓여있다. 이것이 변증법적 유물론을 역사 변화의 과정에 적용한 사적 유물론이다.

자본론, 자본주의의 모순을 고발하다

칼 마르크스는 저서《자본론 Das Kapital》에서 노동으로부터의 소외라는 문제를 통해, 인간 소외 현상을 철학적으로 접근했다.《자본론》은 분량이 매우 방대한 저작으로 총 4부작으로 구성되어있다. 마르크스의 생전인 1867년 제1권이 출간되었고, 마르크스가 평생을 들여 집필한 원고를 엥겔스가 정리하여 제2권과 제3권을 간행했다. 제4권은 마르크스가 남긴 여러 초고를 취합, '잉여가치 학설사'라는 제목으로 1900년대 초 카우츠키가 편집해 간행했다.

마르크스의《자본론》을 이해하기 위해서는 그 당시의 자본주의를 살펴봐야 한다.

애덤 스미스를 비롯한 정치 경제학자들의 견해에 따르면 노동은 부를 축적할 수 있는 수단이며, 소유권의 정당한 원천이다. 그러나 이러한 주장에도 불구하고, 마르크스가 활동하던 시절의 노동자들에게 있어 노동은 부의 원천이 아니라 생존의 함정이었다. 그들은 굶어 죽지 않기 위해 임금노동자가 되어야 했다. 교도소에 수감된 죄수의 식량과 비교될 정도로 낮은 임금을 받으면서도 노동을 할 수밖에 없었던 것이 그 당시의 현실이었다. 당시 영국에서는 공장 주인들이 8살, 심지어는 그 보다 더 어린아이들을 고용해 하루 평균 14~16시간 가까이 일을 시켰다고 한다. 어린 아이들의 노동 상황을 비추어 볼 때, 성인 노동자들의 상황은 더 심각했을 것이다. 그 당시 노동자들은 장시간 노동에 시달리며, 죽도록 노력해도 결코 가난에서 벗어날 수 없었는데, 마르크스는 이런 현상을 보고 세상은 왜 부자와 빈자로 나뉘게 되는 것일까를 고민했다. 열심히 일하는 노동자들이 가난해지는 원인을 학문적으로 분석하기 시작했고 이러한 이율배반적 현실을 파악하고 개혁하고자 하였다. 그렇게 세상에 나온 책이 바로 《자본론》이다.

그는 문제의 원인을 개인이 아닌 사회의 구조, 즉 자본주의 시스템에서 찾았다. 그는 책에서 자본주의는 어떤 특징을 갖는지, 자본주의 경제는 어떤 원리에 따라 움직이는지, 자본주의 경제의 문제점은 무엇인지를 분석하고 있다.

《자본론》은 첫째, 잉여가치의 개념을 설명하는데, 잉여가치란 자본가에게 고용된 노동자의 노동으로 생산된 생산물 가운데 생산수단의 손실을 보상하고, 노동자에게 노동의 대가로 지불하는 임금을 제외한 나머지(이윤)로 자본가가 수취하게 되는 부분이다. 자본가는 단지 생산수단을 소유하고 있다는 법적 사실만으로 이러한 잉여가치 형태로 생산된 가치를 소유할 수 있다.

216

좀 더 쉽게 설명하자면, 어떤 사람이 10,000원으로 가죽을 구매한 다음, 노동자를 통해 신발이라는 상품을 만들었다고 가정해 보자. 노동자의 임금이 200원이고, 이후 이 신발을 12,000원 받고 판매했다면, 처음의 10,000원이 11,800원으로 증가하여, 1,800원을 더 벌어들이게 된다.

이렇게 늘어난 화폐 1,800원을 잉여가치라고 부르며, 마르크스는 잉여가치를 얻기 위해 투자한 화폐를 바로 자본이라고 했다. 돈을 벌기 위해서 투자한 화폐, 즉 화폐의 증가를 가져다주는 화폐가 바로 자본인 셈이다. 그리고 이 자본을 가진 사람을 우리는 자본가라고 말한다. 또 나아가 자본가들이 자본을 투자해 상품을 생산하고 판매해서 가치를 얻는 시스템을 바로 자본주의라고 하는 것이다. 마르크스는 자본주의 사회에서, 자본가는 평생 자본가로 노동자는 평생 노동자로 살아가게 될 것이라고 말한다. 왜냐하면 자본가들의 자본금이 그대로 남아있는 한 잉여가치는 계속 벌어들일 수 있기 때문이다. 일시적으로 잉여가치를 상실한다고 해도, 아직 생산수단이 남아있는 한 노동자의 잉여노동덕분에 자본가는 여전히 자본가로서 잉여가치를 얻을 수 있는 것이다. 이렇게 자본가는 계속해서 더 많은 자본을 모을 수 있는 반면에 노동자는 오히려 점점 더 일자리가 없어지게 된다.

둘째, 이런 잉여가치를 자본가가 소유하는 것을 가능하게 만드는 자본주의의 조건을 분석했다. 자본주의에서 노동자들은 정치적으로는 자유롭지만, 생산수단을 소유하고 있지 않다. 반면 자본가는 생산수단을 소유하고 있다. 따라서 노동자는 생존을 위해 자신을 상품화해야 하고, 이로써 자본주의적 사회관계가 형성된다. 자본주의사회에서 노동자는 원시시대의 노예나 봉건시대의 농노와 다르지만, 생산수단을 소유한 자본가에게 사실상 예속되어 있으며, 자신의 노동 대가를 자본가에게 착취당하기 때문에 '간접적 노예'인 것이다.

자본가의 목적은 더 많은 잉여가치를 얻는 것이다. 그리고 자본가들은 잉여가치 증대를 위해 노동자들의 노동시간을 늘리기 시작했다. 노동자의 노동시간을 늘리게 되면, 더 많은 상품을 생산하여 더 많은 잉여가치를 얻게 되는 것이다. 하지만 급여는 그에 비해 터무니없이 적게 주었다. 여기서 '착취'라는 것이 발생하게 된다. 마르크스는 잉여가치가 노동자의 잉여노동에서부터 왔다고 생각했다. 노동자가 잉여노동으로 만들어낸 잉여가치에 비해 더 낮은 수준의 임금을 지급받고 있으므로, 그만큼 노동자들은 자본가들에게 착취당하고 있는 것이다.

그럼에도 불구하고 그 당시 노동자들은 제대로 된 항의조차 하지 못했다. 노조와 노동법도 없었을 뿐더러, 일자리를 구하려는 사람 또한 널려 있었기 때문이다. 노동자들은 생존을 위해 그렇게 불공평한 상황을 감내할 수밖에 없었다.

셋째, 임금이 노동자가 겨우 생존을 유지할 수 있을 정도로 낮은 것은 인구의 압력 때문이 아니라, 자본가들로부터 멸시받는 수많은 실업자군의 존재 때문이라 설명했다. 자본주의에 의해 끝없이 확대 재생산되는 실업자군을 산업예비군이라 하는데, 이들은 노동자 간 경쟁을 심화하고, 이는 노동자들의 처지를 더욱 불리하게 만들어 임금을 생존 유지에 필요한 최소 수준으로 낮추고, 장시간 노동하는 것을 불가피하게 만든다.

넷째, 근대 정치경제학자들이 자본주의를 가장 이상적인 사회상태로 간주하고, 여기에 적절한 수정과 개혁을 기대하는 수준에서 그치지만, 마르크스는 자본주의를 노예제도나 봉건주의와 마찬가지로 역사에 있어 하나의 단계를 이루는 사회체제로 보았다. 자본, 이윤, 임금 등의 개념이 탈 역사적 개념이 아니라 역사적 개념이라는 것을 논증하는 게《자본론》의 중요한 과제였던 셈이다.

마지막으로, 마르크스는 생산력의 발전에 있어서 자본주의적 생산양식의 기여를 인정하면서도, 고도로 발달된 생활양식에서는 자본주의적 관계가 생산력의 발전을 가로막는 질곡이 될 수 있음을 표현했다. 공황으로 인해 끊임없이 위기에 봉착하게 되는 것이다.

쉽게 말해, 기계가 노동자를 대신하면서, 더 이상 필요가 없어진 노동자들은 결국, 공장에서 쫓겨나 실업자가 되어버릴 것이고, 실업자가 된 노동자들은 돈이 없으므로, 소비를 못하게 된다. 그럼에도 불구하고 공장의 생산량은 높아졌기 때문에, 그렇게 팔리지 않은 상품은 창고에 재고로 쌓이게 될 것이다.

자본의 축적으로 인해 자본가는 새로운 기술을 도입하게 되고, 자본가들의 치열한 경쟁으로 인해, 생산력이 높아졌지만, 사회 전체적 소비가 낮아지는 불균형이 나타나게 되는 현상을 마르크스는 자본주의 모순이라고 말했다.

1929년 시작해서, 미국 경제는 물론 전 세계 경제를 한순간에 몰락시킨 대공황도 바로 이 과잉 생산이 주요 원인이었음을 상기해볼 때, 마르크스의 이러한 지적은 굉장히 타당해 보인다.

마르크스의 자본론은 여전히 유효한가?

공산주의 진영을 이끌던 소련이 붕괴한 후, 마르크스주의는 현실에서 힘을 잃고 말았다. 자본주의가 붕괴할 거라던 마르크스의 예상은 빗나가고 오히려 공산주의가 붕괴하는 사태가 벌어지고 만 것이다.

더구나 오늘날엔, 더 이상 자본이 자본가 개인의 독점 형태가 아닌 사회적 자본의 형태를 띠게 되었다. 중산층이 두터워졌고, 노동자들에 대한 극심한 착취가 사라졌다. 사회 전반적으로 복지 수준이 향상된 것이다.

이런 상황에서 마르크스주의의 고전인《자본론》을 다시 읽는 것이 과연 의미가 있을까? 마르크스주의는 현실에서 힘을 잃고 말았지만, 자본주의에서 필연적으로 나타나게 될 문제와 모순점을 지적하고 이에 대한 해결책을 제시하고 있다는 점에서 오늘날에도 마르크스의 이론은 철학적으로 논할 가치가 많다. 경제대공황을 겪었던 자본주의 국가들이 위기를 극복하고 굳건히 존재하지만, 노동자들은 여전히 구조조정이나 비정규직 등으로 불안한 노동 현실에 처해 있다. 그리고 소수에게 부가 집중되어 빈부 격차가 심해지고 있다. 자본주의가 이어지는 한, 역설적으로 '마르크스주의'는 생명력을 유지할 것이다. 결과적으로 자본론이 틀렸을지는 몰라도 자본주의가 작동하는 원리와 자본주의의 문제점을 자본론만큼이나 치밀하게 분석한 책은 없다는 데 여전히 많은 사람들이 동의하고 있다.

....

마르크스의 말

- 지금까지 존재했던 모든 사회의 역사는 계급투쟁의 역사다.
- 철학자들은 세상을 다양한 방식으로 해석했을 뿐이다. 중요한 것은 세상을 바꾸는 것이다.
- 자본주의는 생산 수단이 사적으로 소유되고 통제되는 생산 방식이다.
- 공산주의자들의 이론은 사유재산의 폐지라는 한 문장으로 요약할 수 있다.
- 세상의 노동자들이어 단결하라. 너는 쇠사슬 외에는 잃을 것이 없다.

키에르케고르 Kierkegaard

신 앞에 선 단독자

쇠렌 키에르케고르(Søren Aabye Kierkegaard, 1813 ～ 1855)

덴마크의 종교 사상가이자 현대 철학의 핵심인 실존주의의 창시자이다. 헤겔의 관념론을

비판하였으며, 실존적 인간을 지향하였다. 실존주의는 개인적 · 현실적이며 인간의 현실

속에 존재하는 문제를 다루는 철학 사조이다. 키에르케고르는 '신 앞에 선 단독자'로서의

인간의 주체성을 강조하고 있다.

실존주의란 무엇인가?

실존주의 혹은 실존철학은 1, 2차 세계대전의 참혹함을 맛본 서구인들이 정치, 사회, 과학 등 외적 진보에 실망을 느끼고 개인의 주관적 내면에 눈을 돌린 철학 사조다. 합리성과 이성에 기대어 계속 앞으로 전진할 수 있는 것처럼 생각되었던 사회가 깊은 수렁에 빠지고 나자 이러한 충격은 인간 내면에 대한 깊은 통찰을 하지 않을 수 없게 만들었다. 여기서는 논리나 체계보다는 불안이나 절망 같은 비논리적이고 비합리적인 문제들이 추구된다. 이제 중요한 것은 보편타당한 객관적 진리보다도 한계상황에 놓인 구체적 인간의 혼을 일깨워줄 수 있는 힘을 기진 주체적 진미다. 그러므로 종래의 합리적 철학 체계에서처럼 논리적인 논증의 방법에 기대는 것이 아니라 역설, 잠언 등을 통해 인간으로 하여금 진정한 자신으로 돌아가도록 결단을 촉구하는 방법을 취한다. 실존주의 철학자로는 키에르케고르와 더불어, 사르트르, 하이데거, 야스퍼스 등이 있다. 사르트르는 실존주의를 무신론적 실존주의와 유신론적 실존주의로 구분하며, 자신을 무신론적 실존주의자로 보았고, 야스퍼스는 실존주의와 실존철학을 엄격하게 구분하여 자신의 철학이 실존주의보다 더 고상하고 진지하기 때문에 실존철학이라고 주장한다. 하이데거는 자신의 철학이 실존주의나 실존철학으로 불리는 것에 반대했다. 하지만 철학사의 입장에서는 개인의 주장보다도 전체적 흐름이 중요하므로 역시 사르트르의 구분이 가장 합당해 보인다.

하여튼, 실존주의가 현대사회에서 개인의 절망을 나타내고 개인의 위로를 찾으려는 주관적 관념론에 속한다는 것은 의심의 여지가 없다.

방탕생활에 실연까지 당한 청년

쇠렌 키에르케고르는 우울한 성격을 지녔던 아버지 미카엘 키에르케고르와 어머니 안네 사이에서 7남매 중 막내로 1813년 덴마크 코펜하겐에서 태어났다. 그의 아버지는 자신이 지은 두 가지 죄 때문에 평생 죄의식을 달고 살았다. 하나는 교회법을 어기고 재혼을 했다는 것이고(키에르케고르의 어머니), 다른 하나는 젊은 시절 양치기를 할 때 추위와 배고픔에 못 이겨 신을 저주한 일이다. 키에르케고르의 아버지는 이 사건으로 자신이 저주에 걸렸다고 굳게 믿고 있었다. 실제로 키에르케고르의 어머니 안네는 아버지 미카엘과 결혼한 뒤 7남매를 낳았는데, 자녀들 중 5명이 나이 33세를 넘기지 못하고 죽고 만다. 아버지로부터 우울한 성격을 물려받은 데다가 어두운 가정사, 그리고 음산한 특유의 덴마크 기후는 키에르케고르를 더욱 우울한 청년으로 만들었다. 이는 그의 사상에도 큰 영향을 미쳤을 것이다. 청년이 된 키에르케고르는 아버지를 원망하고 경멸하면서 방탕한 생활을 이어갔다. 그러다 키에르케고르의 방황은 1837년 아버지의 죽음과 함께 끝이 났다. 키에르케고르는 목사가 되기 위해 다시 건전한 생활인으로 돌아왔으며, 16세의 소녀 레기네 올센과 사랑에 빠졌다. 그는 목사 시험에 합격하고 올센과 약혼까지 하게 된다. 그러나 문제가 생겼다. 자신의 집안 내력과 자신의 방탕했던 과거를 볼 때, 올센과 감히 결혼할 자격이 없다고 생각한 탓이다. 키에르케고르는 올센과 파혼하기 위해 일부러 이상한 행동들을 하기 시작한다. 당시 파혼이란 여성에게 큰 흠이 되는 일이었으므로, 파혼의 책임을 최대한 자신에게 씌우기 위해 노력한 것이다. 그리고 3년간의 노력 끝에 결국 파혼에 성공하게 된다. 스스로 실연까지 당한 것을 보면, 그가 매우 기이한 사람처럼 보이겠지만 이는 실존 철학자로서의 특징을 보여주는 대목이기도 하다. 그는 다른 사람들의 시선에 아랑곳하지 않았고, 자신의 의지와 판단으로 선택하는 도덕적인 삶을 중시했다. 그는 자신이 저주받았다고 믿었기 때문에, 가장 사랑하는 그녀의 행복을 위해 스스로 헤어지는 길을 선택한 것이다. 헤어진 뒤에도 그는 그녀를 계속 사랑했는데, 그녀에 대한 애정이 그의 일기장에 고스란히 담겨있다.

실존주의의 선구자

그는 당시의 헤겔철학에 비판적이었다. 헤겔처럼 생을 합리적이고 논리적으로 설명하게 되면, 추상적이고 보편적으로는 의미가 있을지는 몰라도 한계상황에 놓인 구체적 인간에겐 무의미한 것이 되어버리기 때문이다. 그 철학 속에는 '나'가 없기 때문이다. '나'는 그러한 보편적, 객관적 설명으로 치부할 만한 것이 아니다. 매우 특수하고 유한하며, 죽음에 직면해 있는, '나'라는 것이 어떻게 살아야 할 것인가를 보여주지 못하는 철학은 소용이 없다. 키에르케고르는 단독자로서 살아가는 것의 엄격함을 호소하며, 실존주의 철학의 선구자가 되었다.

헤겔의 이성 중심의 관념 철학에 반기를 들면서 의지의 철학으로 나아간 쇼펜하우어를 높이 평가하기도 했지만, 키에르케고르가 볼 때는 두 철학자 모두 보편성에 갇혀있다는 한계가 있었다. 헤겔은 이성의 보편성을 말하고 있고, 쇼펜하우어는 의지의 보편성을 말하고 있는 것이다. 개념은 보편적인 것이지만, 실존은 개체이다. 개념의 인식은 개체에 이르지 못한다. '나'라는 실존은 개념적 사유로서 인식할 수 없는 깊이를 가지고 있다. 그가 말하고 싶었던 것은 아무리 많은 타인들이 보편적인 진리를 말한다고 하더라도 나 개인이 마주하고 있는 주관적 진리(무한과 유한의 간격에서 오는 절망, 그것 너머의 신앙, 그 너머의 계시)는 항상 더 크게 다가올 수밖에 없으며, 그렇기에 우리는 항상 신 앞에 서 있는 '단독자'로서 용감하게 선택하고 결단하며 그 두려운 길을 걸어 나아가야 한다는 것이다.

키에르케고르는 인간을 무한성과 유한성, 시간성과 영원성, 자유와 필연의 종합체로 보았다. 인간은 무한한 유한함이며 유한하면서도 유한하지 않기 때문에 무한을 지향한다. 인간의 본성은 한정되어 있는 듯하면서 한정되지 않는 것이어서 인간은 금수가 될 수도 없고 신에 가까이 갈 수도 없다. 이러한 인간 내면의 모순은 불안과 절망을 가져온다. 틀림없이 절망은 병이며 '죽음에 이르는 병'이다. 그러나 이 병에 걸리는 것은 인간뿐이다. 인간은 동물 이상이기 때문에 절망할 수 있는 것이다.

정신이 위대할수록 가능성이 많고, 가능성이 많을수록 불안도 많아진다. 불안은 동물에게는 없고, 보통의 사람들에게는 적으며, 천재에게는 많다. 불안은 나로 하여금 현재의 상태에 만족할 수 없게 하고 앞으로 진전시키는 것이다. 정신은 자기 자신의 가능성, 밑바닥이 없는 심연을 보고 그 깊이에 아찔한 현기를 느낀다. 키에르케고르는 이 불안을 배워야 한다고 하며, 그것은 누구나 인내하여야 하는 모험이라고 하였다.

실존의 3단계

파혼을 한 서른 살의 키에르케고르는 고통을 잊기 위해 4년간 창작활동에 몰두했다. 그 결과 《이것이냐 저것이냐》, 《공포와 전율》, 《반복》, 《철학적 단편》, 《불안의 개념》 등의 여러 권의 책을 세상에 내놓았다. 그의 글은 실존주의 철학자답게 자기 삶의 체험을 바탕에 두고 있으며, 이 점은 그의 첫 작품인 《이것이냐 저것이냐》에 잘 나타난다. 이 책에서 키에르케고르는 인간의 참 모습은 신 앞에 서는 단독자에 있다고 보고, 실존을 종교적 단계에서 파악해 다음의 3단계로 나눠 설명한다.

1단계 : 심미적 실존

향락과 쾌락을 즐기는 삶의 단계로서 인생의 의의는 행복에 있고 이 행복은 쾌락의 최고 정점을 의미한다. 그러나 이러한 심미적 실존 단계는 일시적 만족에 그치며, 보다 내면적이고 깊은 정신적 만족은 이루지 못한다. 이런 것을 깨닫는 순간, 심미적 실존은 윤리적 실존의 단계를 바라본다.

2단계 : 윤리적 실존

윤리적 단계는 따져 묻는 삶이다. 무엇이 인간에게 옳은지 물어서 선택하겠다는 단계다.

엄숙하고 진실된 실존으로서 언제나 새로운 결의와 각오를 가지고 살아가겠다는 것은 가장 온당하고 건전한 인생의 길이라 할 수 있다. 그러나 인간은 성실한 윤리적 실존에 들어가 양심적으로 되려고 애쓸수록 자신의 유한성과 무력함을 자각하고 깊은 회한을 느끼게 된다. 자신이 윤리적이 되려고 하면 할수록 자신이 윤리적이지 못한 존재라는 것을 더 뚜렷하게 인지하게 될 뿐이다.

이리하여 자신이 단독자인 실존과 거리가 멀다는 것을 느끼게 된다. 이러한 반응에서 절대자를 연상하게 되고 그것에 귀의하고 싶은 새로운 욕망을 갖게 된다. 이에 제3의 실존인 종교적 실존이 우리 앞에 전개 된다.

3단계 : 종교적 실존

신앙을 갖고 살아가는 실존으로서 하나님과 대면하는 단독자로서의 삶이다.

키에르케고르는 절망의 반대말은 희망이 아니라 신앙이라고 말했다. 신에 대한 믿음을 통해 절망에서 벗어날 수 있다고 말하는 것이다. 여기서 키에르케고르가 무신론적 실존에서 시작하여 종교적 실존으로 나아가는 유신론적 실존주의자임을 알 수 있다. 인간은 자신이 윤리적이고 주체적이지 못한 이유를 주변 사람들과 환경에서 찾으며 변명을 늘어놓곤 한다. 그래서 키에르케고르는 사람들에게 '신 앞에 선 단독자'로 살라고 외친다. 신이 나의 모든 것을 보고 있다면 우리는 결코 책임을 다른 대상에 돌릴 수 없을 것이다.

키에르케고르의 말

- 삶은 해결해야 할 문제가 아니라 경험해야 할 현실이다.
- 최악의 절망적인 상황은 자신다운 것이 아닌 다른 것을 선택하게 되는 상황이다.
- 적당히 불안해하는 법을 배운 사람은 가장 중요한 일을 배운 셈이다.
- 불안은 자유의 현기증이다.
- 절망은 죽음에 이르는 병이다.

하이데거 Heidegger
죽음을 직시하고, 본래적 존재가 되어라

마르틴 하이데거(Martin Heidegger, 1889~1976)

20세기 독일의 대표적인 실존 철학자다. 나치의 지배 기간 동안에 나치에 가담한 일로 많은 비난을 받기도 한다. 프라이부르크 대학에서 신학, 철학을 수학. 마르부르크, 프라이부르크 대학의 교수를 역임. 후설의 현상학으로부터 출발하여 기초적 존재론을 이룩하였으며, 키에르케고르의 영향을 받았다. 독일계 유대인 철학자이자 정치 사상가인 한나 아렌트와 사랑에 빠지지만, 당시 하이데거는 유부남이었고, 관계는 오래가지 못했다. 주요 저서로 《존재와 시간》이 있다.

존재와 시간

하이데거의 대표작인 《존재와 시간》은 제1차 세계대전 직후에 벌어진 사회의 격동을 배경으로 탄생한 작품이다. 세계대전과 그 폐해는 수많은 지식인들에게 혼란을 주었다. 그동안 인간은 이성을 지닌 존재로서 합리적 판단을 통해 사회질서를 건립하고 세계는 계속 발전해나갈 수 있을 것이라는 낙관론이 지배적이었다. 하지만 수많은 사람을 고통과 죽음으로 몰고 간 전쟁의 현실은 이러한 낙관론에 의문을 제기하게 만들었고, 인간이라는 존재를 적나라하게 응시하고자 한 생철학과 현상학이 각광받기 시작했다. 하이데거는 이러한 상황 속에서 인간의 실존을 말하고자 이 작품을 저술한 것이다.

하이데거는 존재론을 주로 다룬 철학자다. 도대체 존재론이란 무엇인가? 이를 이해하기 위해서는 기본 개념을 먼저 파악해야 한다. 그는 《존재와 시간》에서 존재자, 존재, 현존재의 개념을 다룬다.

존재자는 인간과 자연, 그리고 모든 사물이 있음에 주목하고, 이것들을 총칭할 경우 사용되는 표현이다. 즉, 책상, 의자, 컵, 돌 등 존재해 있는 모든 것들을 지칭하는 말이다. 반면, 존재는 존재자들이 가진 고유한 특성을 말한다. 존재론은 바로 이러한 '존재'에 집중하는 학문이다. 그리고 존재를 묻고 이해할 수 있는 존재자를 현존재라고 말한다. 인간만이 자신의 존재를 문제 삼으며 살아간다. 그래서 인간은 스스로 자기 자신의 존재를 떠맡는 자다.

다시 정리하면, 존재자란 세상에 존재하는 모든 것을, 존재는 그 존재자들이 지닌 고유한 특성을, 현존재는 자신의 존재를 고민하는 존재자 즉, 인간을 말한다.

하이데거는 지금까지의 철학이 존재자에만 관심을 가졌을 뿐, 근원적 의미의 존재를 고민하지 않았다고 이야기한다. 그는 인간이 스스로 자기 자신의 존재를 떠맡는다고 표현하며, 다른 존재를 알려고 하기 전에, 우선 인간 존재에 대한 깊은 고찰이 필요하다고 주장한다.

하이데거가 생각하는 인간은 다른 동물과 다른 존재다. 기본적인 생리적 욕구가 충족되어도 그 이상의 것을 계속 추구할 수 있는 존재이며, 미래와 과거를 생각하는 존재이고, 고독과 허무감을 느끼는 존재이다. 이는 우리가 세계에 내던져진 존재이기 때문이다. 이로 인해 우리는 인생의 다양한 선택의 갈림길 앞에서 결단을 해야 하며, 그 책임을 스스로 져야 한다.

물론 모든 인간이 자신의 존재를 물으며 살아가지는 않는다. 대부분의 인간은 타인 또는 사회가 정해준 규범과 가치에 따라 '비본래적 삶'을 살아간다. 자신의 개성을 망각한 채로 사회의 보편적 기준, 남들이 대부분 좋다고 인정하는 가치와 기준을 신봉하며, 살아간다는 뜻이다. 이러한 비본래적 삶에서 벗어나기 위해 우리는 어떻게 해야 하는가? 자기 주관대로 사는 본래적 삶을 살아가기 위해서는 일정부분 세상의 보편적 기준과 부조화를 자초할 수밖에 없는데, 단순한 결심만으로는 그렇게 사는 게 쉽지 않을 것이다. 그래서 하이데거는 좀 더 극단적인 상황을 제시하는데, 그것이 바로 '죽음'이다. 인간은 죽음 앞에서 자신의 유한성을 깨닫고, 자신의 삶을 돌아보며, 다시 자신의 진정한 가치와 방향에 대해 확인할 기회를 얻게 된다.

한편, 하이데거는 존재의 의미를 시간성에서 찾는다. 현존재(인간)의 존재는 시간 속에서 그 의미를 드러낸다. 의미있는 사건이 벌어지는 시간은 ' 눈앞에 있음 ' 즉 현전의 시간을 해체하는 현재를 포함한 과서, 미래를 동일 신싱에 놓은 지평의 시긴이다. 인긴은 지금 이 시간에만 머물지 않고 과거를 돌아보며, 미래를 통찰하면서 가능성을 열어가는 존재다. 하지만 플라톤, 칸트를 비롯한 서구 형이상학 전체의 시간성이 현전의 시간에 붙잡혀 있다고 하이데거는 지적했다.

하이데거는 객관적 시간을 뛰어넘어 주관적, 본래적 가능성의 시간을 소환할 것을 주문한다. 가능성의 시간은 이미 현 존재자에게 주어진 본능이지만, 그 본능은 객관적 시간 속에 은폐되어 대부분의 인간은 현존재의 유한성을 망각한 채로 살아간다. 하지만 어느 날 돌연 찾아온 불안, 그리고 시간의 유한성을 자각케 하는 종착점인 죽음 앞에서 존재는 그 모습을 선명하게 드러낸다. 하이데거는 죽음을 현존재의 실존을 명료하게 드러낼 수 있는 최고의 대상으로 삼는다. 인간은 결국 죽음이라는 사건 앞에서 시간의 유한성을 깨닫고, 이로써 본래적 시간을 되찾게 된다는 것이다. 실존의 본래적 시간은 새로운 발견이 아니라 은폐된 것들, 망각된 것들에 대한 소환이다.

'본래적 시간' 그 자체는 추상적인 개념이지만, 현재의 삶을 살아가는 인간들에게는 실존 속 삶의 의미와 본연의 의지를 소환해내라는 충고의 메시지가 된다.

덧붙여, 하이데거는 자신의 철학이 결코 실존주의나, 실존철학이 아니라고 주장한다. 자신이 실존을 강조한 것은 맞지만, 자신이 중요하게 생각한 점은 실존을 통해서 존재를 규명하는 것이기 때문에 자신의 철학은 실존주의가 아니라 '존재론'이라는 것이다. 하지만 그의 존재론은 이전까지의 존재론과 다른 양상을 보인다. 이전까지의 철학자들은 '존재자'를 문제 삼았지만 하이데거는 '존재'를 문제 삼고 있기 때문이다.

죽음을 직시하고, 본래적 존재가 된다

"인간은 태어날 때부터 죽음을 안고 살아감을 늘 인식해야 한다. 인간은 죽음을 인식하고 살아가는 본래적 존재와 그렇지 않은 비본래적 존재로 분류된다." - 하이데거

일상생활을 영위하다 보면 '나는 왜 존재하는가'라든가, '삶의 목

적은 무엇인가'등의 막연한 물음이 불안과 함께 순간적으로 밀려오는 경우가 있다. 이 막연한 불안감을 회피하지 않고 그 끝을 계속 추적해보면, 인간은 아무런 이유 없이 세상에 내던져진 존재이며, 언젠가는 죽음으로써, 이 세계에서 강제적으로 퇴장당하게 될 운명임을 깨닫게 된다. 죽음이 언제, 어떻게 다가올지 모르기 때문에 인간은 불안을 느낀다. 유한한 존재인 인간에게 죽음에 대한 불안은 인간 실존의 기본 전제다. 하지만 불안은 그 자체로 고통이므로 나쁜 것이고, 회피해야 할 대상일까? 이 지점에서 하이데거는 죽음에 대한 불안이 '비본래적 존재'가 '본래적 존재'로 도약할 수 있는 핵심 키가 될 수 있다고 주장한다.

본래적 존재는 진정한 자신으로서 사는 사람, 자신의 고유성을 지각하며 사는 사람이고, 비본래적 존재는 가짜개성을 가지고 사는 사람이다. 현대인 대다수가 비본래적 존재에 속하며, 자신의 삶에 대한 실존적 고민을 회피하고, 삶의 방향성을 잃은 채 살아간다. 이들은 타인이 만들어 놓은 보편적 가치를 신봉하며, 그 속에서 조작된 욕망을 추구하고 자신의 존재를 망각한다. 그러나 본래적 존재는 죽음을 직시하고 매 순간 인식하기 때문에, 타인이 만든 세계에 놀아나지 않고 늘 자신을 돌아보며, 죽음 앞에 당당한 삶을 살아가게 된다.

이처럼 하이데거에게 있어 불안감은 떨쳐내야 할 감정이 아니라 자신의 고유성을 발견하고 삶을 더욱 풍성하게 만들어줄 도구가 된다. 하이데거는 죽음의 자각이 대단히 중요하다고 주장했다. 우리는 죽음을 미리 경험함으로써, 자신의 존재를 이해할 수 있고 고유성을 되찾을 수 있다. 그렇게 되면 이제 조작된 욕망과 가짜 개성을 주입하는 TV 프로그램 따위에 더는 흔들리지 않게 될 것이다.

더불어 산다고 해서 모든 문제가 해결되는 것도 아니다. 인간은 더불어 있기 때문에, 오히려 실존을 경험하기가 더 어렵게 될 수 있다. 왜 사람들은 무리 속에 서로 어울려 있는가?

인간은 고독 속에 있을 때, 혼자서 불안을 감당해야 하지만, 다른 사람들 사이에 섞여 존재를 희석시키면 불안의 정도를 낮출 수 있기 때문이다. 그래서 많은 사람들이 내면의 소리보다는 바깥사람들의 목소리에 촉각을 곤두세우는 것이다. 불안을 피하기 위해 자기 이해를 제쳐놓고 다른 사람들 속에 존재를 희석시키는 존재방식은 하이데거가 보기에 바람직한 삶의 방식이 아니다. 주변의 잡음을 끄기 위해 인간은 혼자 있을 필요가 있다. 자신에게 주입된 조작된 욕망과 신념을 모두 비우면, 내면의 소리를 잘 들을 수 있고, 자기 확신과 그에 따른 자기 고유의 결단을 불러올 수 있다. 대세를 따르는 가짜 개성에서 벗어나 진정한 '나'로서 삶을 살아갈 수 있는 것이다.

하이데거의 비본래적 삶

하이데거는 대표작 《존재와 시간》을 통해 20세기 지성계에 많은 영향을 끼쳤다. 장 폴 사르트르의 실존주의, 자크 데리다와 질 들뢰즈, 미셸 푸코의 후기구조주의, 한나 아렌트의 정치철학 등이 하이데거의 영향을 받았다. 하이데거의 철학적 업적이 위대하다는 것에는 대부분의 학자들이 동의할 수 있지만, 그의 삶에 대해서는 비판의 목소리가 많다. 철학자의 삶에서 자신의 철학적 신념과 어긋나는 행적들이 곳곳에서 발견되기 때문이다.

그는 당시 독일을 장악한 나치와 협력했다는 비판을 받는다. 특히 그가 1933년 프라이부르크 대학의 총장으로 취임할 당시 내뱉은 연설은 많은 논란을 일으켰다. 학생들에게 노동과 군사 훈련 동참을 독려하였기 때문이다. 다른 연설에서는 히틀러 총통을 두고 독일의 진정한 현실이자 법이라고 받어하였으며, 동료 교수를 나치 당국에 반체제 인사로 고발하기도 하였다.

이러한 정황들을 고려해 보건데, 그가 나치즘에 동조했거나, 방관했다는 사실을 부정하긴 어려워 보인다. 본래적 존재로 살아갈 것을 주장한 철학자였지만, 철학자 본인은 비본래적 존재로 살아갔다는 점에서 그의 철학적 위상에 흠집이 생긴 것이 사실이다.

※ 후기 구조주의

구조주의는 우리의 현실 지각이 개별 대상들이 아니라 그 연관관계로 구성된다고 본다. 인간을 둘러싼 다양한 구조를 이해하면 그 안의 세부적인 세계를 더 잘 이해할 수 있다는 것이다. 구조주의는 인간의 정신세계를 전체적인 체계라는 관점으로 바라본다고 하는 중요한 성과를 가져왔지만, 그것은 처음부터 동시대의 다른 많은 중요한 개념과 충돌할 수밖에 없었다. 그래서 후기 구조주의는 구조를 선험적 · 보편적인 것으로 생각하였던 초기 구조주의와 달리, 무시되었던 종교와 역사의 역할을 중요시한다. 구조의 역사성과 상대성을 강조하는 것이다. 야구 시합을 하면 반드시 어느 한 팀이 우승한다는 것이 정해진 사실이라고 해서 시합 자체가 무의미해지지는 않는다. 시합이라는 일정한 틀 안에서 발생하는 구체적인 차이란 무수하다. 데리다의 해체론, 들뢰즈의 차이, 푸코의 탈중심화 등은 모두 서구 형이상학 전체에 대한 저항의 시도였다.

＊ 질 들뢰즈(Gilles Deleuze, 1925~1995)
프랑스 철학자인 질 들뢰즈는 미셸 푸코, 자크 라캉과 함께 대표적 프랑스 현대철학자로 손꼽히고 있다. 소르본대학에서 철학을 전공하고 69년 박사학위논문《차이와 반복》을 발표했다. 니체주의적 틀 안에서 프로이트와 마르크스를 통합하여 20세기의 고정관념을 깨뜨리기도 했다.

....

하이데거의 말

- 인간은 언제나 자신의 존재에 대해 질문해야 한다.
- 우리는 우리 자신이 될 필요가 있다. 우리는 우리 자신을 발견해야 한다.
- 우리가 존재하는 한, 우리는 죽음을 향해 전진한다.

한나 아렌트 Hannah Arendt

무지는 악을 생성한다

한나 아렌트(Hannah Arendt, 1906 ~ 1975)

독일 태생의 유대인 철학사상가이며 나치를 피해 미국으로 이주하였다. 1, 2차 세계대전

등 세계사적 사건을 두루 겪으며 전체주의에 대해 통렬히 비판했다. 저서로《예루살렘의

아이히만》,《인간의 조건》,《폭력의 세기》를 집필하였다.

예루살렘의 아이히만

당시 아돌프 아이히만(Adolf Eichmann)의 모습

"그로 하여금 그 시대의 엄청난 범죄자들 가운데 한 사람이 되게 한 것은 '아무런 생각 없음'이었다." - 한나 아렌트

아이히만은 제2차 세계대전 중 나치의 홀로코스트의 실무 책임자 중 한 명이었으며, 수많은 유대인들을 무자비하게 학살했다. 전쟁 후 15년 동안 도피생활 끝에 체포되어 이스라엘에서 재판을 받았다.

1961년 12월에 열린 아이히만 재판을 직접 재판정에서 지켜본 한나 아렌트는《예루살렘의 아이히만》이라는 이름의 보고서를 작성했는데, 이는 1963년에 출판되어 큰 논쟁거리가 되었다. 먼저 이 재판을 취재한 그녀는 아이히만이 예상과는 달리 겉으로 보기엔 평범한 시민이었음을 발견했다. 그녀에 따르면, 아이히만이 그토록 잔인한 학살을 저지르게 된 이유는 자신의 행동을 반성할 수 있는 사유 능력이 부족해서다. 그는 상부의 명령을 충실히 따랐을 뿐이다. 인간은 누구나 자신이 소속된 조직에서 인정받고 싶어 한다.

한나 아렌트의 '악의 평범성'이라는 개념은 유대인 학살 책임자였던 아돌프 아이히만이 '이빨이 뾰족하고 머리에 뿔이 달린 괴물이 아니라 그저 정해진 규칙에 순응하는 성실한 보통 사람이었을 뿐'이라는 것에서 등장한 개념이다. 악의 평범성이라는 개념을 제시한 그녀에 따르면, '악'은 아이히만뿐만 아니라 평범한 다수에게 열려 있다고 한다. 악은 외부에 따로 존재하는 것이 아니다. 악은 대중 속에 존재한다. 그녀에 따르면 '악'이란 곧 사유하지 않는 것이고, 판단하지 않는 것이다. 악은 사유하지 않는 모든 인간에게 언제나 열려 있는 것이다.

일명 상식적이고 순리대로 산다는 인간들이 사회적, 집단적 순응 형태의 범죄를 저지른다는 것이다. 악의 근원은 대중의 판단 포기에 있다. 사유할 줄 모르는 대중이 한 데 뭉쳐 자신도 모르는 사이에 악을 형성한다. 팔을 치켜들고 입을 맞춰 똑같은 단어를 외치며 행진하는 사람들의 무리에 악이 깃들어 있다.

한나 아렌트에 대한 비판

아렌트의 생각에 아이히만의 범죄는 유대인에 대한 범죄에 앞서 인류에 대한 범죄였다. 그런데 이스라엘이 그를 납치하여 이스라엘

법에 따라 심판하는 것이 과연 타당할까? 그녀의 이런 의문은 유대인들로부터 맹비난을 받는 계기가 된다. 그녀를 지지하고 도왔던 사람들을 포함해 수많은 유대인들이 그녀를 반민족적이라고 손가락질하며 돌아섰다. 이스라엘에서는 그녀의 저서가 판매 금지될 정도로 반감은 엄청났다. 하지만 아렌트에게 있어 '정의'는 특정 국가나 인종에 한정된 것이 아닌 보편적인 것이어야 했다.

저서 《예루살렘의 아이히만》은 출간 당시에도 수많은 논란에 휩싸였지만, 가장 최근에 논란이 일어난 시점은 2014년 독일 철학자 베티나 슈탄네트의 저서 《예루살렘 이전의 아이히만》이 출간되고 나서 부터다. 아이히만은 나치 패전 뒤 10년간 신분을 속이며 아르헨티나에서 살았는데, 슈탄네트는 그가 그동안 작성해둔 메모와 글 수만 건을 분석했다. 그리고 다음과 같은 결론을 내린다. 아이히만은 그저 아무 생각 없이 상부의 지시를 따른 것이 아니라, 광신적 반유대주의자로서 자신의 판단과 행동이 어떤 결과를 가져올지를 분명 인지하고 있었으며, 재판 당시 자신이 상부 명령에 복종하는 아둔한 공무원인 것처럼 행세했던 것은 형량을 낮추기 위한 전략적 행위에 불과하다는 것이다.

아렌트는 아이히만에게 속았던 것일까? 하지만 당시 아렌트는 전범의 책임을 엄중하게 물어야한다며 사형 집행을 확고히 찬성하고 있었기 때문에, 그녀가 아이히만에게 속았다고 단정하긴 어렵다.

설령, 아렌트가 아이히만에게 속았다거나, 아이히만의 행동을 잘못 해석한 부분이 있다고 해도 오늘날, 그녀의 철학이 갖는 가치가 전부 사라지는 것은 아니다. 모든 인간은 집단 속에서 살아가며, 집단에 들어간 개인은 정치적 논리에 영향을 받게 된다. 집단의 논리에 익숙해지다 보면, 자신만의 신념과 사유능력을 가진 개인도 얼마든지 비윤리적 행동을 저지를 수 있게 되는 것이다. 그녀의 논리를 전체주의와 유대인 학살 같은 극단적인 역사적 사례에만 한정해서 적용할 필요는 없다. SNS가 발달한 오늘날엔 정치인, 언론인, 인플루언서들이 마구잡이로 자극적인 정보를 퍼트리고 있다. 상대를 향한 근거 없는 비방과 혐오의 말은 하루가 다르게 늘어가고, 이미 그들의 빠(파, 추종자)가 된 대중들은, 그들이 내뱉는 말을 곧이곧대로 믿는다. 정치인과 인플루언서들은 대중의 인기를 등에 업고 더욱 활개치고 다닌다. 폭력과 전쟁, 대학살 같은 극단적인 것들만이 사회 문제의 전부는 아니다. 사유능력이 부재한 대중은 잘못된 정보를 여기저기 퍼 나르며, 사회적 혼란과 갈등을 야기하고 국가의 발전을 저해한다. 그러면서도 자신이 무엇을 잘못하고 있는지 인지조차 하지 못한다. 자신은 깨어있고 정의로운 시민이라고 생각한다. 이것이 오늘날의 가장 심각한 문제다.

이런 세상에서 우리는 어떻게 살아야 하는가? 한나 아렌트의 책 속에서 답을 발견할 수 있을지도 모른다.

- 내가 원하는 것은 생각하는 것으로 인해 인간이 강해지는 것이다. 위기 상태에 있어도 깊이 생각하여 파멸에 이르지 않도록.
- 생각을 멈추면 인간이 아니게 된다.
- 세계 최대의 악은 평범한 인간이 저지르는 악입니다.

사르트르 Sartre
인간은 자유를 선고받았다

장 폴 사르트르(Jean-Paul Sartre, 1905 ~ 1980)

프랑스의 작가이자 철학자다. 실존주의 사상을 대표하는 인물로 철학서 뿐만 아니라 다

수의 소설 및 연극, 영화시나리오, 문학 비평 등 다양한 글을 저술했다. 무신론적 실존주

의의 입장에서 전개한 그의 존재론은 제2차 세계대전 전후의 사조를 대표하는 것이었다.

주요 작품으로 《구토》, 《존재와 무》, 《파리 떼》 등이 있다.

대중의 인기를 한 몸에 받은 작가

사르트르는 1905년 해군의 기술장교였던 장 바티스트 사르트르의 장남으로 태어났다. 그의 아버지는 30세의 젊은 나이로 사망했고, 그는 이후 외가에 들어가 생활했다. 그의 외할아버지는 독일어 교사였고, 굉장한 독서가였는데, 독서가인 외할아버지 덕분에 어린 시절부터 서재에서 수많은 책을 섭렵할 수 있었다.

1924년 19세의 나이가 되었을 때, 당시 수재들이 진학했던 파리의 고등사범학교에 입학하고 여기에서 메를로 퐁티를 만났다. 메를로 퐁티는 훗날 사르트르와 함께 프랑스 지성계를 대표하는 철학자가 된다. 사르트르는 과제를 하기 위해 앙리 베르그송의 철학을 접하고부터 철학을 좋아하게 되었다고 한다.

22세에는 《어느 패배》라는 소설을 썼으나 출판을 거절당했고, 23세에는 교사 자격시험에 실패하고 1년 뒤 다시 수석으로 합격한다.

1928년 소설 《구토》를, 이듬해엔 단편집 《벽》을 간행하였고 1939년 제2차 세계대전이 발발하자 즉시 소집되어 전쟁에 참가하게 된다. 전쟁에 임한 후 얼마 뒤 포로가 되어 1년간 수용소 생활을 하는데, 사르트르는 자유를 억압당한 이때의 경험을 계기로 사회적 부조리와 독재에 저항하는 등 적극적인 사회참여를 결심하게 된다.

1942년 37세에 희곡 《파리 떼》를 이듬해에는 철학적 주저 《존재와 무》를 출판하였다. 700페이지에 달하는 이 두꺼운 철학서는 출판된 지 13년 만에 46판에 돌입했다. 당시 젊은이들에게는 반드시 지니고 다녀야 할 머스트 해브 아이템과도 같았고, 책은 날개 돋친 듯 팔려나갔다. 철학서적으로서는 유례가 없는 기록이며, 평범한 중학교사에 불과했던 그는 이 책 한 권으로 가장 혁명적인 철학가의 반열에 오르게 된다(물론 그가 출간한 저서는 대부분 높은 인기를 얻었다). 이때부터 그는 본격적으로 유능한 문학가, 철학자들과 교류하게 된다.

1964년에는 자전적 소설 《말》을 썼고, 이것으로 그는 노벨문학상 후보에 오르지만, 그 상을 자신의 신념에 반한다는 이유로 거부한다. 문학에 등급을 매기는 것 자체가 잘못되있다는 것이다.

※ 앙리 베르그송(Henri Bergson, 1859~1941)

프랑스의 관념론 철학자로 생철학, 직관주의의 대표자다. 그의 기본적 입장은 모든 사물의 근원으로서 '순수지속'을 주장하여, 과학적 인식에 의한 물질·시간·운동은 이 지속의 안에 보여지는 여러 형태들이며 지속의 고정화라고 한다. 따라서 이 지속 그 자체는 신비적인 직관에 의해서만 파악되고, 여기에서는 아는 활동과 실재를 창조하는 활동이 일치한다고 주장했다. 그리고 관념론적 생물학의 입장에서 생기론(生氣論)을 도입하여 생명의 자유로운 창조적 진화를 주장했다.

※ 모리스 메를로 퐁티(Maurice Merleau-Ponty, 1908~1961)

프랑스의 현상학 철학자. 전통철학자들이 경험론자든, 합리이성론자든 인간의 지적 능력에만 초점을 두어 철학을 전개했다면, 메를로 퐁티는 몸을 내세웠다. 우리는 정신이 아니라 신체를 가진 자로서 우리의 의식과 감각은 항상 몸이라는 한계 속에 있으며, 신체화된 의식을 통해서만 진정한 의미의 지식을 얻을 수 있는 것이다. 결국 우리는 자신의 신체 능력에 걸맞은 세계를 자신의 주위에 드러내고 있다. 이 때문에 메를로 퐁티는 '몸의 철학자'라고 불리며, 이후 프랑스 미술과 문학에 많은 영향을 미쳤다.

인간은 자유를 선고 받은 존재

제2차 세계대전이 종결된 직후 사람들은 서둘러 새로운 평화와 번영을 꿈꾸는 동시에 폐허가 된 세상을 보며 우왕좌왕하고 있었다. 이 시기엔 과거의 자신과 타협하고 새롭게 태어나기 위한 철학이 요구되고 있었다. 철저한 자유와 책임을 주장하는 프랑스의 철학자 사르트르의 실존주의는 그러한 과제에 답하는 것이며, 압도적인 지지를 받았다. 예를 들어, 의자와 컵이라는 사물은 그 본질이 미리 결정되어있다. 그 형태가 다소 다양할지언정, 각 시대와 상황을 초월하여 존재하는 공통적 본질이 있다. 인간이 아닌 야생의 동물들은 일반적인 종의 특성을 연구하면 그것들의 거의 모든 것을 예측할 수 있다. 예측 가능하다는 것은 본질이 고정적이라는 이야기고 본질이 고정적이라는 것은 자신을 변화시킬 잠재력이 없음을 의미한다. 호랑이의 본질, 전갈의 본질, 악어의 본질은 정형화되어 있다. 하지만 인간은 어떠한가? 인간은 미리 정해진 본질에 따라 살고 있는 것은 아니다. 인간은 어떠한 의무와 사명도 부여받지 않은 채, 이 세상에 내던져진 존재다. 인간은 본질에 의해 규정되지 않았다. 인간은 삶의 매순간마다 선택을 해야 한다. 그래서 사르트르는 '인간은 본질에 앞선다'라고 말했다. 실존주의는 인간 존재 그 자체를 중요시한다. 본질이 사물의 일반적 본성을 의미하는 데 반해, 실존은 사물의 개별자로서 존재를 의미한다. 인간의 본질이 애초부터 결정되어 있다면, 그에 맞춰 살면 그만이지만 인간의 본질은 미정형이므로 인간 개개인은 자신의 존재 방식을 선택하고 감당하도록 운명지어졌다. 인간이 본질에 앞선다는 것은 창조의 가능성을 내포하고 있는 것이다. 하지만 완벽한 자유가 꼭 좋은 것일까? 자유는 부담스럽기도 하다. 자유는 인간에게 불안을 가져다주기 때문이다. 인간의 삶은 답이 정해져 있지 않다. 무수한 선택의 갈림길 앞에 놓여있다. 그래서 인간은 불안하다. 인간은 어쩔 수 없이 수많은 모순적인 동기로 혼란을 감당해야 할 처지에 놓여있다. 인간이 다른 모든 동물을 제치고 오늘과 같은 지위에 오를 수 있었던 것은 역설적으로 모든 동물 중 가장 큰 불안을 겪을 수 있는 존재였기 때문이다. 그래서 사르트르는 '인간은 자유를 선고받았다'라고 말했다. 불안을 느끼는 인간은 불안을 피하기 위해 자신이 마치 어떠한 것을 선택할 자유가 없는 것처럼, 다른 선택지가 없는 것처럼 행동하는데, 사르트르는 이를 자기기만이라고 불렀다. 하지만 인간은 불안을 감당하면서, 어떤 것을 선택하면서 자신을 계속 미래로 던져야 한다.

　더구나 사르트르는 우리에게 부여된 이 자유에는 매우 중요한 의미가 있다고 주장한다.

　어떤 상황에서도 그 상황의 범위 내에서 우리는 자유롭게 행동을 선택할 수 있는데, 여기에는 책임이 따르기 때문이다. 우리에게 선택지가 없다면, 책임질 일도 없다. 모든 것을 우리가 자유롭게 선택할 수 있기 때문에, 우리는 자신의 선택과 행동에 철저하게 책임을 지지 않으면 안 된다. 그러나 이에 대해서는 인간의 '자유'가 지나치게 강조되었다는 비판을 받는다. 인간이 언제나 사회적 상황과 환경적 한계를 무한정 극복할 수 있는 것은 아니기 때문이다.

　존재와 무

　사르트르는 의식과 대상의 두 영역을 인정했다. 대상 즉, 객관적 존재는 나의 의식을 떠나서는 생각할 수 없는 것이고, 나의 의식 또한 내가 의식하는 대상이 없다면 생각할 수 없는 것이다. 의식은 언제나 무엇인가의 대상을 추구하고 있기 때문이다. 이리하여 그는 의식으로서의 존재와 그것의 대상으로서의 존재로 나누어 생각했으며, 전자는 대자존재, 후자는 즉자존재라고 말할 수 있다.

　즉자존재란 그냥 있는 것, 안정된 것, 충만한 것이다. 즉 대상으로서 존재하는 모든 사물을 지칭한다. 사람도 대상화되면 즉자존재다.

반면, 대자존재는 욕망하는 것, 공허한 것, 불안정한 상태에 있는 것이다. 의식을 갖는 인간이 대자존재에 해당한다.

즉자존재는 대자존재에 대하여 아무런 실재적 활동도 할 수 없으며, 즉자존재는 단지 '있다'는 데 지나지 않는다. 또한 의식 역시 대상이 없으면 존재하지 못한다. 의식은 언제나 어떤 것에 대한 의식이기 때문이다.

그는 신이 존재한다면 즉자존재아니면 대자존재로서 존재할 수밖에 없는데, 어느 쪽에 해당하든 신은 완벽한 존재가 아니게 된다. 신이 즉자존재라면 충만성이나 완전성은 확보되지만, 그의 의식이 박탈될 것이다. 반대로 신이 대자존재라면 신은 끊임없이 대상을 지향하고 공허를 메우려고 하는 인간과 별반 다를 게 없는 존재가 된다.

그래서 사르트르는 신은 없다고 결론 내렸다.

....

사르트르의 말

- 인간은 자신의 선택에 의해 자신의 모습을 만들어간다.
- 문학에 등급을 매기는 것 자체는 잘못되었다(노벨문학상 거부 당

시).

- 사람은 자신말고는 누구도 의지해선 안 된다는 것을 깨닫지 못하면 아무것도 할 수 없다.

- 타인은 곧 지옥이다.

- 모든 말에는 결과가 있다. 침묵도 마찬가지다.

소쉬르 Saussure

인간은 언어에 갇힌 존재다

페르디낭 드 소쉬르(Ferdinand de Saussure, 1857 ~ 1913)

스위스의 언어학자이자 기호학자로 구조주의 언어학과 현대 기호학의 창시자이다. 구조

주의와 포스트모더니즘 등의 단초를 마련하는 것에도 큰 공을 세웠다. 스위스 제네바 대

학교에서 1907년, 1908~1909년, 1910~1911년 세 차례에 걸쳐 일반 언어학 강의를 진행

한 바 있는데, 그의 제자인 샤를 바이와 알베르 세슈가 그 강의 내용을 엮어 간행한 책이

바로 《일반 언어학 강의》다.

구조주의의 문을 열다

　20세기의 언어학은 구조주의 언어학이라고 볼 수 있다. 구조주의 언어학은 체계에 관심이 있으며 구체적인 사실 속에서 어떤 추상적인 질서를 찾아내는 것이다. 언어학에서 구조주의 관점을 처음으로 제시한 사람은 스위스의 언어학자 페르디낭 드 소쉬르이다.

　소쉬르는 스위스 제네바 대학교에서 1907년, 1908~1909년, 1910~1911년 세 차례에 걸쳐 일반 언어학 강의를 진행했는데, 그의 제자들이 강의 내용을 엮어 간행한 책이 바로《일반 언어학 강의》다. 이 책에는 언어에 관한 소쉬르의 사상이 잘 정리되어 있다. 소쉬르는 언어를 랑그(언어 체계와 규칙)와 파롤(랑그에 따라 실제 구사하는 말)로 구분할 것을 주장했다. 또한, 언어체계는 기호체계이며, 기호는 말소리와 개념, 즉 기표와 기의가 결합한 것으로 이들의 관계는 본질적으로 자의적이라고 주장했다. 그리고 언어가 하나하나 단독으로 의미를 갖는 것이 아니라, 다른 언어와의 차이(대립)를 통해 의미를 갖는 것이며, 인간은 언어를 통해 세계를 구분한다고 하였다. 언어의 연구 방법에 있어서는 언어의 역사적 연구인 통시언어학과 순수한 언어 정태에 대한 연구인 공시언어학을 구별하였다.

　우리는 보통, 세계에 물리적 대상이 먼저 존재하고, 그 대상에 언어로 된 이름표를 붙인다고 생각한다. 이를테면, 사과라는 실체가 외부 세계에 먼저 실재하고, 그것에 '사과'라는 이름표를 붙이는 것이다. 하지만 이 세상의 모든 사물이 사과라면, 굳이 '사과'라고 부를 이유는 없을 것이다. 배가 있으니 사과가 있듯, 소쉬르는 언어가 하나하나 단독으로 의미를 갖는 것이 아니라, 다른 언어와의 차이(대립)를 통해 의미를 갖는다고 생각했다.

또한 소쉬르는, 인간은 감각에 의해서가 아니라 언어에 의해서 대상을 구분 및 식별한다고 보았다. 예를 들어, 한국어에는 나비와 나방이라는 말이 따로 있지만, 프랑스어에서는 나비와 나방 모두 빠삐용이라고 부른다. 이처럼 인간은 언어를 통해 세계를 구분한다. 세계가 이미 구분되어 있는 것이 아니라, 언어가 세계를 구분하는 것이다. 언어는 프리즘과 같이 세계를 분절시켜 우리에게 보여준다.

그 외 랑그와 파롤, 기표와 기의, 통시언어학과 공시언어학에 대한 개념은 뒤에서 이어 다루도록 한다.

언어에 관한 소쉬르의 관점은 훗날 구조주의 언어학의 시발점이 되었으며, 구조주의와 더불어 미셸 푸코와 데리다로 대표되는 후기 구조주의의 기반이 되었다. 구조주의란 어떤 현상의 의미를 그 본질(실체)에서 이해하려 하지 않고, 그 현상들을 연관시키는 사회적, 문화적 구조(시스템)에서 파악하려는 사상을 말한다. 여러 사물의 본질을 제각각 파악하는 것은 불가능하므로, 대신 서로 간 차이를 비교하면 각각의 의미를 이해할 수 있다는 것이 골자다. 흔히들, 클로드 레비스트로스를 구조주의의 창시자로 여기지만, 그 역시 소쉬르의 언어학에 영향을 받은 사람이다. 언어 구조에서 힌트를 얻은 레비스트로스는 구조주의의 인식과 방법을 인류학 분야에 적용해 다양한 문제를 다룰 수 있었다. 소쉬르는 새로운 언어이론으로 당대의 학자들에게 큰 영향을 미쳤고, 그에게서 직접적인 영향을 받지 않는 학자들도 그의 이론과 동일한 이론적 기반에서 연구하였다.

* 구조주의와 후기구조주의

구조주의는 우리의 현실 지각이 개별 대상들이 아니라 그 연관관계로 구성된다고 본다. 인간을 둘러싼 다양한 구조를 이해하면 그 안의 세부적인 세계를 더 잘 이해할 수 있다는 것이다. 구조주의는 인간의 정신세계를 전체적인 체계라는 관점으로 바라본다고 하는 중요한 성과를 가져왔지만, 그것은 처음부터 동시대의 다른 많은 중요한 개념과 충돌할 수밖에 없었다. 그래서 후기 구조주의는 구조를 선험적 · 보편적인 것으로 생각하였던 초기 구조주의와 달리, 무시되었던 종교와 역사의 역할을 중요시한다. 구조의 역사성과 상대성을 강조하는 것이다. 야구 시합을 하면 반드시 어느 한 팀이 우승한다는 것이 정해진 사실이라고 해서 시합 자체가 무의미해지지는 않는다. 시합이라는 일정한 틀 안에서 발생하는 구체적인 차이란 무수하다. 데리다의 해체론, 들뢰즈의 차이, 푸코의 탈중심화 등은 모두 서구 형이상학 전체에 대한 저항의 시도였다.

※ 클로드 레비스트로스(Claude Levi-Strauss, 1908~2009)

프랑스의 저명한 인류학자이자 민족학자로, 구조주의 인류학의 창시자다. 열대 지방에 사는 부족을 현장 조사했던 그는 야만으로 뒤쳐진 것으로 보였던 그들의 풍속에서 수학적이라고 할 수 있는 질서정연한 법칙이 관통하고 있음을 발견하기도 했다. 레비스트로스는 이 인류학의 발견에 소쉬르의 언어학(차이의 체계가 개개의 언어에 앞선다는 발상)을 적용하여, 언어의 의미와 마찬가지로 부족의 개개 구성원들의 삶과 의미도 그것을 규정하는 체계에 의하여 결정되고 있다는 주장을 하였다. 이처럼 레비스트로스는 문화와 제도에 관하여 체계(구조)로부터 접근하는 새로운 사상을 탄생시켰다.

랑그(langue)와 파롤(parole)

소쉬르는 언어를 랑그(langue)와 파롤(parole)로 구분했다. 랑그는 규범으로서 '언어 체계와 규칙'을 말하며, 파롤은 랑그의 문법 규칙에 따라 개인이 '실제로 하는 말'을 뜻한다.

예를 들면, 한국어의 문자체계와 문법규칙은 랑그에 해당하고, 이를 토대로 실제로 말을 통해 발음하는 것은 파롤이 된다. 즉 랑그는 이론의 영역이고 파롤은 실천의 영역이다. 파롤의 활동은 근본적으로 랑그의 규칙에 근거해서 그 타당성을 보장받게 되므로 파롤은 랑그에 의존한다고 할 수 있다. 소쉬르가 파롤보다 랑그를 우선시한 것은 이 때문이다. 하지만, 언어 체계와 규칙인 '랑그'도 의도적이든 의도적이지 않든 실천적인 '파롤'을 통해서 끊임없이 수정되고 끊임없이 재창조되므로, 랑그와 파롤을 상호의존적 관계로 보아야 했다는 비판이 제기되기도 한다.

시니피앙(signifiant)과 시니피에(signifie)

랑그(언어)의 시스템은 '차이'로 성립되어 있으며, 그 차이는 '음성기호'와 '개념'의 측면에서 살펴볼 수 있다. 음성기호와 관련된 차이가 '시니피앙(기표, signifiant)'이고, 개념과 관련된 차이가 '시니피에(기의, signifie)'다.

예를 들어, 우리가 '얼음'이라는 말을 할 때 소리인 [얼음]은 시니피앙(기표)이 되는 것이고, 그 의미인 '물이 얼어 굳어진 것'은 시니피에(기의)가 되는 것이다. 시니피앙과 시니피에, 이 둘을 합쳐서 '사인(기호)'이라고 한다.

시니피앙(기표)과 시니피에(기의)의 관계에 있어 살펴볼 것들이 있는데, 첫째는 자의성이다.

기표와 기의의 관계는 자의적이다. 즉 우리가 '물이 얼어 굳어진 것'을 '얼음'이라고 하는 것은 우연적이라는 뜻이다. 한국에서는 '[얼음]'이라고 부르지만, 미국에서는 '[Ice]'이라고 쓰고 부르는 것처럼, 우리가 사용하는 기표는 그것이 가리키는 개념, 즉 기의와 어떤 명백한 이유를 통해서 필연적으로 연결되어 있는 것은 아니다. 만약 그 둘 사이에 필연성이 있다면, 지구상의 모든 나라가 한 가지 언어를 사용해야 할 것이다. 하지만 그렇지 않다는 점에서 둘의 연결 관계는 '자의적'이라고 말할 수 있다.

둘째는 체계 속에서의 필연성이다. 앞서 살펴본 바와 같이 기표와 기의의 관계는 비록 자의적이지만, 체계 속에서 만큼은 필연성이 존재한다. '얼음'이라는 단어를 보거나 [얼음]이라는 소리를 들었을 때, 우리는 필연적으로 '물이 얼어 굳어진 것'을 떠올리게 된다. 그것은 우리가 특정한 언어를 사용하고 있는 이상, 그 언어의 체계 속에서 그 기표와 기의를 생각할 수밖에 없기 때문이다. 따라서 그 관계는 그 언어 체계 하에서 만큼은 필연적인 것이 된다.

통시언어학과 공시언어학

소쉬르는 통시언어학과 공시언어학을 구별하였다.

언어는 생성하며, 변화하는 유기체인데 그는 동시대에서 바라본 언어의 모습과 시간의 흐름에 따라 역사적으로 바라본 언어의 모습을 구분해야 한다고 하였다. 역사의 어떤 시점에서든 한 언어는 사회적으로 규범화된 체계를 이루고 있다고 하면서 이 동시대적인 언어 상태를 공시태라고 했다. 또한, 어떤 언어든 역사적으로 변화할 수밖에 없는데 한 언어의 역사적 변화양상을 시간의 흐름에 따라 조망한 것을 통시태라고 하였다.

하나의 체계로서 언어를 연구하는 데는 통시적 접근보다는 공시적 접근이 요구된다. 19세기 언어학은 언어의 역사적 변화를 연구함으로써 언어가 이해될 수 있다는 신념에 기초한 통시적 연구방법이 지배적이었지만 소쉬르는 이들이 경험적 현상에 집착함으로써, 언어의 가장 독특한 특징인 전체적 혹은 체계적인 측면을 연구하는 데 실패했다고 생각했다. 체계로서의 언어를 연구하는 것이 중요하다고 본 소쉬르는 공시적 접근을 지지했다. 그는 한 단어의 의미가 특정한 관계의 체계 안에서 특정한 시간에 발생하는 다른 언어들과의 관계에 의해 생성된다고 주장한다. 예를 들어, 개라는 뜻의 dog라는 단어는, 이것이 고대 영어인 docga에서 유래된 중세 영어 dogge로부터 역사적으로 유래되었기 때문에 의미가 있는 게 아니라, 개라는 현재의 단어가 쥐와 고양이 같은 다른 단어들과 가지는 관계 때문에 의미가 있다는 것이다. 모든 단어의 의미는 그 체계 안의 다른 기호들과의 관계에서 공시적으로 유래된다.

- 인간은 언어에 갇힌 존재다.
- 언어는 하나의 공동체 구성원들의 마음에 자리잡은 어휘 이미지를 모아놓은 창고이며, 공동체 구성원들이 합의한 계약에 따라서만 존재한다.
- 기호의 의미는 다른 기호들 간의 차이에 의해서 발생한다.

비트겐슈타인 Wittgenstein

말할 수 없는 것에 대해 침묵해야 한다

루트비히 비트겐슈타인(Ludwig Wittgenstein, 1889 ~ 1951)

영국의 철학자 비트겐슈타인은 《논리철학 논고》와 《철학적 탐구》를 통해 당시 철학의 중
요한 주제였던 '언어'를 다뤘으며, 영국의 분석철학에 크게 이바지하였다. 처음엔 아버지
의 권유로 공학을 공부했지만, 당대 최고의 철학자로 추앙받던 버트런드 러셀과의 인연
을 계기로 철학의 길로 들었다. 그는 부유한 가정에서 태어났으면서도, 가족사가 불행했
고, 은둔생활을 즐긴 것으로 유명하다. 음악적 재능이 뛰어났지만, 그의 저술은 딱딱했
다.

비트겐슈타인의 스승, 러셀의 기술이론

버트런드 러셀

영국의 수학자, 논리학자인 버트런드 러셀(1872~1970)은 비트겐슈타인의 스승으로 그에게 철학적으로 큰 영향을 미쳤다. 1912년 케임브리지 대학 트리니티 칼리지에 입학한 비트겐슈타인은 그곳에서 러셀의 강의를 듣고 사제 관계를 넘어 동료로서 교분을 나누게 된다.

러셀은 명제를 분석하고 일상 언어를 참과 거짓을 판별할 수 있는 유의미한 명제로 다시 써내는 기호이론을 활용하여 고트로브 프레게에서 시작된 언어론적 전개를 추진하고 분석철학의 기초를 다졌다. 우리가 사용하는 글(명제)은 애매하고 진위가 분명하지 않은 것이 많다. 그러므로 철학은 부정확하게 된다(이는 수학도 마찬가지였다. 러셀은 일반 수학자들이 사용하는 언어가 애매했기 때문에 엄밀한 수학적 증명체계를 만들려고 했다). 그렇게 생각한 러셀은 글(명제)을 그 내용이 옳은지 틀린지, 실험과 관찰을 통해 명확하게 확정할 수 있는 요소(요소명제)로 분해하여 그 진위를 검토하면, 세계에 대한 정확한 인식에 도달할 수 있다고 보았다.

그는 우리가 주어+술어의 형식으로 쓰다 보니 주어 부분의 고유명사가 지시체(그 용어가 가리키는 대상)라고 착각하는 것이라고 말한다(이 때문에 파생되는 모순들이 적지 않다). 주어 부분의 고유명사는 지시체가 아니라 숨겨진, 위장된 기술구라고 말한다. 즉 고유명사가 지시체가 아닌 기술구, 사태에 대한 서술일 뿐이라는 말이다. 그래서 러셀은 그것을 해결하기 위해, 언어로 표현할 때 고유명사를 지시체로 표현하는 것이 아니라 사태에 관한 서술로 풀어쓰는 방식을 도입했다.

예를 들면, '봉준호라는 사람은 영화 《기생충》의 감독이다'라는 문장을 다음과 같이 사태에 대한 서술로 풀어쓸 수 있다.

1) x는 영화 《기생충》을 감독한 인물이고, 2) 그런 x가 적어도 한 사람이며, 3) 그것이 봉준호다. 이렇게 세 가지로 분해된다. 그리고 1), 2), 3)을 관찰하여 확인하면, 모두 옳다는 것을 알 수 있다. 따라서 이 명제는 참이 된다.

또 '현재의 프랑스 왕은 파리에 있다'는 명제는 다음과 같이 풀어

쓸 수 있다.

  1) x는 현재 프랑스 왕이다.
  2) x는 파리에 있다.

  관찰의 결과, 현재 프랑스는 공화제이므로 국왕은 없다는 것을 알 수 있다. 따라서 1)은 거짓이다. 그래서 명제는 '거짓'이 되는 셈이다. 반대로, '현재의 프랑스 왕은 파리에 있지 않다'라는 명제는 참인가? 거짓인가? 역시 프랑스에는 왕이 없으므로 이 명제 역시 거짓이 된다. 그런데 어떤 명제가 거짓이면 그 명제의 부정은 반드시 참이 되어야 하는데, 여기서 모순이 발생하게 된다. '현재의 프랑스 왕은 파리에 있다'가 거짓이면, 이 명제의 부정인 '현재의 프랑스 왕은 파리에 있지 않다'라는 명제는 참이 되어야 한다는 말이다. 이 모순은 어떻게 해결할 수 있을까?

  하지만, 주어부분의 고유명사를 사태에 대한 서술로 풀어쓰는 러셀의 방식을 도입하면 이 명제의 부정은 '현재의 프랑스 왕은 파리에 있지 않다'가 아니라 '현재의 프랑스의 왕은 파리에 있다,라는 것은 아니다'가 된다. 'x는 왕이고, 파리에 있다'라는 명제를 참으로 만들어주는 실체가 없기 때문에 이에 대한 부정(아니다)는 참이 된다. 그래서 모순이 아니라 참이 된다.
  모순을 허용하지 않고 참인지 거짓인지 판단이 가능한 명제가 유의미한 명제다. 따라서 모든 명제를 위와 같이 요소 명제로 분석하면 세계에 관한 옳은 지식과 식견을 얻게 된다. 이것이 기술이론이다.

※ 고트로브 프레게(Gottlbo Frege, 1848~1925)
독일의 철학자이자 수학자. 논리주의를 처음 주창하였으며, 현대 논리학에 지대한 영향을 미쳤다. 러셀은 자신의 저서 《수학의 원리》에서 프레게가 자신과 비트겐슈타인에게 큰 영향을 끼쳤음을 언급하고 있다. 인간의 사상은 명제(글)로 표현된다. 따라서 논리와 언어를 정확하게 옳은 것으로 만들어 가면, 세계를 정확하게 파악할 수 있을 것이다. 이러한 프레게의 발상으로부터 20세기 최대의 철학적 변혁인 '언어론적 전회'가 시작되었다. 프레게는 우리의 사색이 모두 논리(언어) 속에서 이루어지며, 언어에 익해 표현된다고 보았다. 따라서 기호를 사용하여 논리와 언어를 정확한 것으로 만들 수 있다면, 세계를 정확하게 파악할 수 있다고 생각했다.

말할 수 없는 것에 대해 침묵해야 한다

비트겐슈타인은 어느 날, 파리에서 일어난 교통사고에 관한 재판 기사에 영감을 받았다. 재판에서는 모형 차와 인형을 활용해 사건 현장을 설명하고 있었다. 그런데 그 모형들을 가지고 사건을 설명할 수 있는 이유는 무엇일까? 그것은 각각의 모형들이 실제의 차와 사람 등에 대응하기 때문이다. 초기의 비트겐슈타인은 우리가 사용하

266

는 언어도 이와 같다고 보았다. 언어가 의미를 지니는 이유는 각각의 말들이 실제 상황을 반영하고 있기 때문이다. 언어는 명제의 조합으로 이루어져 있고, 세계는 가능한 상황들로 구성돼 있다. 그리고 명제들과 상황들은 각각 일대일로 대응하고 있으며, 똑같은 논리 구조로 되어 있다. 세계란 물체가 모인 장소가 아니라, '해가 뜬다' '영수가 카메라로 바다를 찍고 있다'는 사태(사실)의 집합체라는 것이다. 결국, 옳은 명제는 세계를 옳게 반영해내는 것이다. 이러한 언어와 사실의 관계를 그는 사상이라고 불렀다.

　명제가 사건을 옳게 반영해내기 위해 필요한 것은 관찰이다. 정확히 관찰하면 '해가 뜬다'와 같은 명제를 만들 수 있다. 여으로 말하면, '해가 뜬다'는 것은 관찰에 의하여 진위를 판정할 수 있는 유의미한 명제다. 실제로 관찰하여 해가 뜨지 않으면 거짓 명제라고 판정할 수 있다. 또한 '영수는 카메라로 바다를 찍고 있다'라는 복합 명제도 '그것은 영수다', '영수는 카메라를 들고 있다', '카메라가 찍고 있는 것은 바다이다'등으로 나눌 수 있다. 이와 같이 요소로 나누면, 결국 관찰에 의하여 진위를 판정할 수 있다. 하지만, '이 집에는 귀신이 살고 있다'라는 명제는 그것을 확인하기 위하여 무엇을 관찰해야 할지 알 수 없다. 그러므로 유의미한 문장을 만드는 것이 불가능하다. 그래서 비트겐슈타인은 '말할 수 없는 것에 대해서는 침묵해야 한다'라고 주장했다. '말할 수 없는 것'이란 실제로 관찰할 수 없는 형이상학적 가치와 요소로 분석할 수 없는 개념 등, 유의미한 문장으로 만들 수 없는 것이다.

그는 소크라테스 이래로 철학자들이 제기한 신, 자아, 도덕과 같은 문제들은 언어로는 말할 수 없을뿐더러 논리로도 해결할 수 없는, 논의 자체가 무의미한 것으로 정리해 버렸다. 그는 언어의 한계 밖에 있는 것들은 철학이 다루어야 할 문제가 아니라고 주장했다. "진리란 무엇인가?" "신은 존재하는가?" 등의 문장은 참과 거짓을 판별할 수 없는 무의미한 문장에 불과하다. 비트겐슈타인은 《논리철학 논고》를 쓴 뒤, 철학계를 떠나기로 결심했다. 철학의 모든 문제가 자신의 책으로 해결되었다고 믿었기 때문이다. 실제로 그는 초등학교 선생이 되기 위해 시골로 내려갔다.

"여기에 적힌 사고의 진리성에 대해서는 공격 불가능하며 완결적이다.

따라서 나는 모든 본질적인 점들에 있어서 문제의 최종적 해결점을 찾았다고 믿는다." – 비트겐슈타인, 《논리철학 논고》서문

비트겐슈타인의 《논리철학 논고》는 훗날 논리실증주의자들에게 많은 영향을 주었다.

논리실증주의자들은 환상과 같이 애매모호한 말로써 철학적 사색을 즐기는 일체의 전통철학을 부정하고 어떠한 주장이라도 경험적으로 검증할 수 있을 때 의미가 있다는 입장을 견지한다. 논리적인 엄밀성과 명료한 개념의 사용을 중시하는 이들이 말하는 철학의 과

제는 언어와 세계의 관계를 밝히는 것이라고 볼 수 있다.

비트겐슈타인의 스승인 러셀도 비트겐슈타인의 철학에 많은 영향을 받았다.

1918년 러셀은 비트겐슈타인이 1차세계대전 전쟁 포로로 잡혀있는 동안 그의 철학적 아이디어를 재해석한 논리적 원자론(Logical atomism) 강의를 하기도 하였다.

언어게임, 전기 비트겐슈타인 vs 후기 비트겐슈타인

언어에 대해 일상적인 사용의 장으로 생각하는 후기의 비트겐슈디인은 언어의 외미는 사용에 있다는 게임이론을 전개하여 초기의 《논리철학 논고》의 내용에 비판을 시도한다.

《논리철학 논고》로 모든 철학문제를 해결했다고 여겨 당당하게 철학계를 떠났던 그가 자기 철학에 문제가 있음을 발견하여, 그것을 바로잡고자 다시 되돌아온 것이다. 그가 죽은 뒤에야 《철학적 탐구》가 발간되었는데, 이 책에는 자신의 초기 저서 《논리철학 논고》에 대한 비판을 담고 있다. 이 책에 따르면, 언어는 《논리철학 논고》에 언급한 것처럼 세상의 무엇과 대응함으로써 의미를 갖는 것이 아니다.

식당에서 고객이 '짜장면!'이라고 외쳤다고 하자. 이 말에서 그는 여기에 짜장면이 있음을 확인하고 있는 것인가, 아니면 짜장면을 내

오라고 주문을 하고 있는 것인가? 결국, 요소문장이 세계(사건)를 올바로 반영해낸다는 초기 비트겐슈타인의 사상이론이 성립되지 않게 됨을 알 수 있다.

더구나 여기에서는 말을 사적으로 사용할 수 없다는 것도 증명되어있다. '짜장면!'이라고 말한 사람은 상대에게 이해되지 않으면, 말을 옳게 사용한 것이 아니고, 그 말을 듣는 사람도 상대의 의도대로 파악하지 않으면 문장을 이해한 것이 아니다. 위의 것으로부터 말의 의미는 그 말이 실제로 사용되고 있는 문맥에 따라 결정된다는 것을 알 수 있다. 그렇다면 언어와 그것이 가리키는 대상 사이의 명확한 관계를 밝혀서 오류가 없는 이상적인 언어를 만들려는 작업은 무의미하다. 그래서 비트겐슈타인은 '언어의 의미란 그 사용이다'라고 주장했다. 곧 언어는 세계의 사상도 사적인 정신작용도 아니고, 일정한 생활양식과 규칙에 따라 이루어지는 행위다. 그리고 일반인에게는 일반의, 과학자에게는 과학의, 철학자에게는 철학자의 언어 사용 문맥과 규칙이 있다. 그래서 그는 이러한 여러 가지 생활형식, 문맥, 규칙의 체계를 총칭하여 '언어게임'이라고 불렀다.

후기 비트겐슈타인의 《철학적 탐구》는 일상언어학파에 영향을 주었다.
일상언어학파는 일상생활에서 사용하는 언어의 분석을 중시하는 철학의 한 유파다.

논리실증주의자들은 논리적인 구문과 합치되고 또한 검증 가능한 언어 표현을 중시하지만, 일상언어학파는 일상언어의 모든 표현이 진실로 의미하는 바를 언어 사용에 관한 분석을 통해 명확히 하는 것이 중요하다고 생각한다.

비트겐슈타인의 말

- 말할 수 없는 것에 관해서는 침묵해야 한다.
- 쓸모 없는 문제에 관여하지 마라.
- 내 언어의 한계는 내 세계의 한계를 의미한다.
- 철학자란 건강한 인식을 얻기 위해서 자기 안에 박혀 있는 다양한 사고의 오류를 고쳐야 하는 사람이다.
- 확실하다는 말로써 우리는 완전한 확신, 의심의 부재를 나타내며, 또한 그것으로 다른 사람들을 설득하려고 한다. 하지만 우리의 그 믿음은 주관적 확실성임을 알아야 한다.

자크 데리다 Jacques Derrida
전통적 형이상학의 질서를 해체한다

자크 데리다(Jacques Derrida, 1930 ~ 2004)

20세기 후반, 프랑스의 포스트모더니즘 철학자. 당시 지배적인 철학이었던 구조주의를

비판하고 그 구조의 해체를 주장하는 해체주의를 창시했다. 데리다는 서양철학이 대부분

궁극적인 형이상학적 확실성이나 의미의 근원을 모색해 왔음을 비판했다. 그는 어떤 확

립된 철학이론을 갖는 것을 피하고 언어의 기호체계가 자의적인 것이라는 인식 아래 해

체의 방법을 통해 언어를 분석, 서양철학의 기본개념을 재검토하려 하였다.

과연 목소리가 문자보다 중요한가?

서양 철학에서 철학의 체계를 세웠다고 평가받는 철학자로 다섯 명이 꼽히는데, 고대 철학자로 플라톤과 아리스토텔레스, 중세의 토마스 아퀴나스, 근대의 칸트와 헤겔이다. 이들의 공통점은 이성을 중심으로 철학적 개념을 정리하고 철학의 체계를 견고하게 만들려고 했다는 것이다. 서구의 전통철학은 진리의 불변성, 이성, 형이상학을 추구하고 우선시해왔다. 이에 반해 변하는 것, 감각적인 것, 형이하학적인 것들은 찬밥신세였다. 프랑스의 철학자 데리다는 이러한 플라톤 중심의 전통노선에서 발견되는 문제점들을 비판했고, 이러한 전통적 노선에서 벗어나 불변보다는 변화를, 동일성보다는 차이를 추구하려고 했다.

데리다는 당시 프랑스에 속해있었던 알제리에서 태어나 그곳에서 어린 시절을 보냈다. 그는 유대인이었으며 그로 인한 차별과 서구 문명의 위선을 경험하며 자랐다. 이 차별의 경험은 그가 서양철학을 비판하고 해체(deconstruction)와 차연(difference)이라는 개념을 만드는데 영향을 미쳤다.

서양의 지적 전통은 문자보다 목소리를 중시해왔다. 로고스(logos)는 '이성'이라는 뜻을 가지고 있지만, 동시에 '음성'이라는 뜻을 가지고 있다. 그만큼 서양에서는 문자보다 목소리가 대접을 받아왔다. 목소리가 원형이며, 문자는 목소리에 비해 부수적인 것으로 취급받아 왔다. 예를 들어, 누군가가 편지를 보내어 편지를 읽는다면, 편지에 적힌 문자는 편지를 쓴 사람의 메시지이고, 그 문자는 사람을 대신하는 것이 된다. 편지를 쓴 사람이 직접 그 목소리를 들려주는 것보다는 못하다는 점에서 문자는 목소리보다 간접적인것, 진정성이 떨어지는 것으로 취급된다. 그래서 진리에 가까운 것은 문자보다 목소리인 것이다. 이것이 이데아를 추구한 서양 전통철학의 입장이다.

이에 대해, 기존 형이상학이 목소리를 특권화하는 현전(現前)의 형이상학이라고 비판한 데리다는 문자에 언어의 중요한 기능이 있다고 주장했다. 예를 들어, 국가의 지도자는 나라를 어떻게 통치해야 할까? 문제가 발생할 때마다 지방 곳곳을 찾아다니며 현장에서 전두지휘를 해야 할까? 그것보단, 차라리 지시사항을 문서의 형태로 만들어 해당 지역에 전달하는 편이 효율적일 것이다. 즉, 문자는 그 메시지를 가지고 있는 사람의 대리자 역할을 하게 된다.

여기서 대통령의 문자는 대통령이 부재한 곳에서 대통령을 대신하는 것이고, 원본(대통령)이 아닌 복제(문자)에 불과하지만, 대통령이 전국을 통치할 수 있는 것은 원본(대통령) 때문이 아니라 대리보충인 문자 때문에 가능한 것이다. 문자가 그의 역할을 대신 해주는 것이다. 문자는 목소리가 없는 곳에서 목소리보다 더 강한 힘을 가지고 있다는 것이 데리다의 주장이다. 목소리는 그 소리를 들을 수 있는 곳에서만 그 힘이 작용하지만, 목소리의 대리보충인 문자는 수많은 자기복제(자신의 또 다른 대리보충들)를 통해서, 목소리가 부재한 곳에서 목소리보다 훨씬 넓은 지역에 그 영향력을 행사한다. 목소리와 문자 중 목소리가 원본이며 진리에 가깝다는 서양 전통적 사고방식은 실제 우리의 삶에 들어맞지 않으며 잘못된 관점에서 본 해석이라고 데리다는 주장한다.

한편, 데리다는 페르디낭 드 소쉬르의 언어학에서 글의 지위가 격하되고 말에 특권이 부여되고 있는 점을 비판하기도 했다. 데리다는 소쉬르 학설에는 '말이 본원적으로 확정된 궁극적 지시대상이며, 글은 말에 기생하는 파생물이라는 전통적 음성중심주의의 폐단'이 반영돼 있다고 보았다. 로고스 중심 노선의 반영이기도 한 이런 사유에 대해 데리다는 소쉬르 구조주의의 '말과 글'의 이항대립 관계에서 왜 전자의 요소를 더 본질적이고 순수한 것으로 여기는지 그 이유와 구분의 논리를 되묻는다.

차연과 해체

구조주의는 실체적 사유를 관계적 사유로, 동일성의 사유를 차이의 사유로 뒤바꾸는 혁명적 전회를 가져왔다. 실증과학의 차원에서 실체, 본질, 동일성의 범주를 상관적 차이의 효과로 전락시킨 것이 구조주의다. 구조주의를 통과하면서 차이가 동일성에 앞선다는 것,

관계는 실체나 주체에 앞선다는 것은 누구도 거부하기 힘든 과학적 사실이 되었다. 이제 본질주의나 실체론은 더 이상 땅에 발붙일 수 없게 된 것이다. 이런 기본적인 발견에서 출발하므로 구조주의 이후의 철학은 당연히 차이의 철학이라는 공통의 형태를 취하게 된다. 데리다가 세상에 처음 이름을 알린 것도 구조주의적 전회를 더욱 과격화했기 때문인데, 이 점을 대변하는 용어가 차연이다.

모든 단어는 그것이 아닌 다른 단어들과의 차이에 따라 정의되고, 그러한 정의는 의미의 가능성에 한계를 가지게 한다(경계선). 그러나 필연적으로 의미의 가능성은 지연될 수밖에 없다. 왜냐하면, 그 단어는 그것이 아닌 다른 단어에 의해서만 정의될 수 있는데, 그 다른 단어 역시 그와 또 다른 단어로 이루어진 정의를 필요로 하게 되는 등, 이런 식으로 끝이 없기 때문이다.

- A는 B가 아니다.
- B가 뭔지 알아야 결국 A를 이해할 수 있으므로, B가 무엇인지를 또 차이를 통해 이해해보려 한다.
- B는 C가 아니다.
- C가 뭔지 알아야 B를 이해하고 그래야 A를 이해할 수 있으니 C가 무엇인지를 또 차이를 통해 이해해보려 한다.
- C는 D가 아니다.

.
.
.

결국, 의미란 끝없이 계속되는 대체의 반복이며, 결코 거기에는 이데아가 존재하지 않는다. 이를 통해 데리다는 의미의 자기동일성이 성립하지 않음을 보임과 동시에 자기 동일성에 입각한 형이상학에 근본적 타격을 가한다. 차이는 한번 발생했다고 해서 끝나는 게 아니라 계속 진행되며, 그에 따른 의미도 지속적으로 발생한다. 따라서 완성된 차이는 나타나지 못하며 지연되고 있다. 우리는 차이가 발생하고 있는 그 과정을 보고 있을 뿐이다. 차이가 진행 중이므로 고정불변의 진리(이데아)를 상정했던 고전 형이상학은 설 자리를 잃게 된다.

　　데리다는 이를 잘 설명하기 위해 차연(differance)이라는 개념을 제시했다. 차연은 '다르다'와 '지연된다'라는 두 의미를 동시에 갖는 용어다. '차이'가 아닌 '차연'이라는 표현을 쓰는 이유는 그냥 '차이'라고 하면 그 자체로 정태적(진행이 완료된) 느낌이 나기 때문이다. 하지만 차이는 진행 중에 있고, 계속 완성이 지연되고 있는 것이므로 '차이'에 '지연'이라는 단어를 합쳐 '차연(differance)'이라는 말을 만들어낸 것이다. 불어에서 차이를 의미하는 디페랑스(difference)와 발음이 동일한 이 신조어는 음성으로는 차이가 나지 않지만, 문자로는 차이가 나는 것(스펠링 중 e 하나를 a로 바꿈)을 의미심장하게 보여주고 있다. 이는 프랑스어에서 두 단어가 음성적으로는 동음이의어라는 사실에 착안한 것으로 음성 중심주의를 활자중심주의로 이행시키려는 그의 의도가 엿보인다. 또한, 영어에서 현재진행형을 만들기 위해 단어 뒤에 'ing'를 붙이는데, 프랑스에서는 'ant'가 진행형의 성격을 갖는다. 데리다가 'difference'에서 'e'를 'a'로 살짝 바꿔 '차연(differance)'이라는 신조어를 만든 것은 진행형의 성격을 부여한 것이라고 볼 수 있다. 데리다는 이러한 방법론을 토대로 하여 플라톤, 데카르트, 칸트, 헤겔로 이어지는 서구 합리주의의 대표적 철학가들을 차례로 '해체'한다. 데리다에 의하면 '해체'는 그 자체로는 완결되지 않는 글쓰기 방식으로 끊임없이 반복되는 '해체'에 의해서만 스스로의 의미를 생산할 수 있다. 데리다는 플라톤 이래 지속돼 온 서구 형이상학을 육체보다 정신, 문자언어보다 음성언어가 중시된 이성 중심주의로 보았는데, 이 안에 모순이 감추어져 있다고 보았다. 플라톤 이래로 지속되어 온 로고스 중심주의는 결국 어떤 절대적인 체계나 진리를 중심으로 놓고 그것을 기준으로 쌓아올린 것이다. 하지만 그러한 중심이라는 것 혹은 절대적인 진리는 그와 반대되는 것을 추출하여 만들어진 허구에 불과하다는 것이다. 데리다는 해체라는 것이 바로 이러한 중심을 무너뜨리는 것이라 생각했다. 그는 해체란 어떠한 중심도 없고, 비록 중심이 있다 하더라도 그 중심은 고정된 위치가 아니라 하나의 기능, 즉 무한한 기호의 대치만이 적용되는 일종의 비위치만 있는 상태를 가리킨다. 데리다의 해체주의는 서구 형이상학의 해체작업이자 일종의 자기비판으로서 의의를 가진다. 전통적 형이상학의 질서를 해체하고, 재구축하려고 한 데리다의 해체이론은, 미국 문학비평에 압도적인 영향을 미쳐 다의적인 해석을 가능케 한 '해체비평'을 탄생시켰다. 또한, 윤리학과 정치철학에도 적잖은 영향을 끼쳤다. 해체는 불어로서 데꽁스트릭씨옹(deconstruction)에 해당하는 단어이다. 이것은 '파괴하다'와 '구성하다'는 의미를 동시에 지니고 있는데, 파괴를 통한 구축이라는 데리다의 입장을 잘 보여주고 있다.

데리다의 말

- 공동체라는 이 말 자체부터 나는 구역질이 난다.
- 말로 할 수 없는 것은 침묵하기보다 써야 한다.
- 만일 비밀에 대한 권리를 갖지 못한다면 전체주의의 공간에 있는 것입니다.
- 한 인간은 하나가 아니다. 한 사람 안에는 다층적인 자신이 존재한다.
- 만약 용서할 만한 것만 용서하겠다고 한다면, 용서라는 바로 그 개념 자체는 사라지게 될 것이다. 용서는 오직 용서할 수 없는 것을 용서하는 것이다.

미셸 푸코 Michel Foucault

권력은 지식과 결탁하여 작동한다

미셸 푸코(Paul Michel Foucault, 1926 ~ 1984)

20세기 프랑스의 철학자이다. 흔히 질 들뢰즈, 자크 데리다와 더불어 가장 저명한 포스트

모더니즘 철학자로 불리는데, 그중에서도 푸코는 20세기 구조주의 기반 인문학 전체에서

가장 중요한 인물 중 한 명으로 손꼽히는 학자이다. 권력·지식·담론과 같은 개념을 바

탕으로 고고학·계보학적 방법론을 사용하여 사회를 비판적으로 분석했다. 대표 저서로

《감시와 처벌》, 《광기의 역사》를 남겼다.

담론 체계에는 권력의 의도가 담겨있다

1968년 3월 프랑스에서 혁명이 있어났다. 8명의 청년이 미국 베트남 침공에 항의하기 위해 〈아메리칸 익스프레스〉의 파리 사무실을 습격하자 이들은 체포되었고 그 해 5월 이들의 석방을 요구하는 학생들의 대규모 항의시위가 이어지면서 발생하였다. 여기에 노동자들의 총파업이 겹치면서 프랑스 전역에 권위주의와 보수체제 등 기존의 사회질서에 강력하게 항거하는 운동이 일어났고 이는 남녀평등과 여성해방, 미국의 반전, 학교와 직장에서의 평등, 히피운동 등 사회전반의 문제로 확산됐다.

푸코는 당시 튀니지의 튀니스 대학 철학과 교수로 재직 중이었고, 68혁명이 끝나갈 무렵 프랑스로 귀국했다. 68혁명을 바라본 푸코는 이를 계기로 뱅센 실험대학 창설에 합류한다.

뱅센 대학은 68혁명 이후 프랑스 정부가 계층 간 장벽을 완화하겠다는 목적으로 설립한 학교로 설립 당시 기대가 컸지만, 막상 문이 열리자마자 교육부와의 갈등으로 운영에 차질이 생겼다. 교육부가 68혁명에 대한 다큐멘터리 상영을 제한하여 학생들이 대학을 점거하는 시위가 일어났으며, 새로 부임한 교육부장관은 뱅센 대학의 학위를 인정하지 않겠다는 선언을 하였다. 일련의 사회적 억압을 마주한 푸코는, 연구를 통해 자유를 억압하는 사회적 구조와 담론 체계를 밝혀내고 싶어 했다.

푸코는 지성사 중에서도 과학사 연구에 주목하였다. 각 시대마다 과학을 구성해온 담론 체계를 찾아내고자 한 것이다. 그는 연구를 통해 담론 체계가 불변의 진리를 담은 것이기보다는 역사적 흐름에 따라 변화되어간다는 사실을 확인하였다. 그리고 그는 그 담론 체계가 어떻게 형성되고 변화되어 가는지를 탐구했다.

담론이란 현실 세계를 설명하는 지식 일반을 뜻한다. 예를 들어, 얼굴이 하얗고 턱이 V라인인 사람이 아름다운 사람이라는 담론이 있다고 하자. 사람들은 이러한 신체 담론에 의해 자신의 얼굴이 추하다는 인식을 갖기도 하고, 나아가 자발적으로 살을 빼거나 성형수술을 받기도 한다. 이것이 바로 담론의 권력성이다. 담론은 인간의 행동을 통제하고 조작할 수 있다.

그는 권력이 지식과 결탁하여 자신의 체제를 공고히 한다고 말한다. 권력과 지식의 만남은 권력의 은밀한 작동을 가능하게 한다. 권력은 지식을 적극 장려하고 창출함으로써, 사람들에게 특정한 관념과 도덕을 심어 자기 규율로 움직이게 만든다. 권력이 제공하는 지식으로 무장한 사람들은 자신도 모르게 권력의 요구에 부응하게 되는 것이다. 미래의 일꾼이 될 청년들에게 자신의 입맛에 맞는 가치관을 주입함으로써, 이들은 장차 체제를 수호하는 구성원으로 성장하게 될 것이다. 물론, 사회의 모든 지식이 체제 수호에 옹호적이진 않을 것이다. 권력은 자신의 생존과 유지에 유리한 학문은 발전시키고, 그러하지 못한 학문은 도태시키는 방향으로 힘을 행사한다. 이처럼 사회 곳곳에 나타나는 권력의 의도를 탐구하고 확인하여 정리한 책이 바로 《감시와 처벌》이다. 1975년 출간된 이 책은 프랑스의 철학계는 물론 인문, 사회과학계에도 큰 반향을 일으켰으며, 얼마 지나지 않아 영어로 번역되어 전 세계로 퍼져 나갔다.

권력은 어떻게 작동하는가?

푸코는 권력을 논했던 철학자고, 권력은 그의 철학에서 핵심적인 비중을 차지하는 개념이다. 푸코는 권력을 소유할 수 있는 실체로 간주하는 것을 비판하였다. 권력이란 힘의 관계라고 생각한 것이다. 권력은 어떤 주체가 소유한 고유한 실체가 아니다. 권력은 누군가가 소유하고 있는 것이 아니라, 다른 것과의 관계에 의해서 드러나는 작용에 불과하다. 다시 말해, 권력이란 각 주체 간, 힘의 관계이므로, 권력에는 소유자가 없는 것이다.

사람들은 '권력'이라는 말을 들으면 흔히 정치적인 권력이나 권한을 생각한다. 물론 우리 현실에서 권력은 이러한 모습으로 나타나기도 하지만 이것들은 권력의 작용에 의해 나타나는 현상에 불과하다. 우리가 지각하는 권력의 현상은 권력의 관계가 겉으로 드러난 것에 불과하다. 권력은 눈에 보이지 않는 곳에서 활동한다. 좀 더 정확하게 표현하자면 권력은 권력자와 피권력자가 맺고 있는 '관계'에 불과하다. 예를 들어, 고용주와 피고용자의 관계에서 고용자가 피고용자에 대해서 권력을 가지고 있다면 그것은 고용주가 실제로 어떤 힘을 지니고 있어서가 아니다. 고용주의 권력은 사회의 교육제도와 여러 가지 제도적 장치들이 만들어낸 결과물이다. 그렇기 때문에 사실상 권력의 소유자와 피권력자는 불평등한 제도나 구조의 표면적 효과일 뿐이다.

권력은 소유되는 것이 아니고 행해지는 것이며, 이와 동시에 권력은 하나가 아니라 모든 곳에 존재하고 있는 것이다. 이제 권력이 어디에서부터 나오는 것인지를 묻는 것은 무의미하다. 그보다는 권력이 어떻게 실천되고 있는가, 어떤 관계의 방식을 취하고 있는가를 탐구하는 것이 문제의 해결로 이어진다고 푸코는 생각했다.

그가 권력의 문제에 대해서 예민했던 것은 자기 자신을 권력의 희생물로 보았기 때문이다. 푸코는 부유한 집안에서 자랐으며, 성장해서는 저명한 대학교수로서 큰 명성을 누렸다. 이러한 그가 자신을 권력의 희생자로 여긴다는 것은 다소 이해하기 힘든 부분이다. 그러나 문제는 그의 성적 취향에 있었다. 그는 동성애자였기 때문에, 사회로부터 정신병자나 환자로 취급당했으며, 그가 겪었던 멸시와 따돌림은 그에게 권력의 행사처럼 느껴졌을 것이다.

푸코와 같은 동성애자가 권력을 소유하고 있지 않아서, 권력관계에서 피지배자가 된 것은 아니다. 그것은 동성애를 정상적인 성적 취향으로 간주하지 않는 우리 사회의 성 담론과 관련 있다. 동성애는 정상적인 성 담론에서 비정상적인 것으로 간주된다. 이렇듯 권력은 담론의 형태로 실행되는 것이다.

광기의 역사

"고전주의 시대부터 역사상 처음으로 광기는
무위도식에 대한 윤리적 단죄를 통해 인식되고 또한
노동공동체로 확고해진 사회의 내재적 존재로 인식된다.
이 노동공동체는 윤리적 분할의 권한을 획득하여, 사회에
불필요한 모든 형태를 마치 다른 세계에 속하는 것인 양
배척할 수 있게 된다." – 푸코, 《광기의 역사》

우리는 광기를 제정신이 아닌, 미친것으로 이해한다. 광기를 가진 사람은 정신 이상자이기 때문에 병원에서 격리 치료를 받아야 한다고 생각한다. 하지만 광기는 그렇게 간단한 문제가 아니다.

광기에 대해 관심이 많았던 푸코는 《광기의 역사》에서 광기에 대한 인식이 어떻게 변해 왔는지를 계보학적으로 추적하고 있다.

중세에는 광기를 오늘날과는 다르게 바라보았다. 당시 기독교인들의 관점에서 광인들은 신성함, 신비함, 신의 현실적 출현으로 이

해되었다. 광인이 종교적인 구원의 상징처럼 여겨졌던 것이다. 세르반테스의 《돈키호테》에서 주인공 돈키호테는 제정신이 아닌 광인이다. 하지만 그는 마을 사람들과 함께 지내면서 아무런 문제없이 생활한다. 감옥에 갇히거나 정신병원에 수용되는 대신 사람들과 어울리면서 신의 은총을 입은 특별한 존재로 인식된다.

하지만, 이성과 인간의 가치가 각광받던 르네상스 시대로 접어들면서 사람들은 광인들을 자신들과 함께 살기 힘든 존재로 이해하기 시작한다. 하지만 광인들을 적극적인 조치나 처리의 대상으로 인식하진 않았다. 광기는 우주적경험(우주적 질서를 직관할 수 있는 신비한 힘), 비판적 경험(이성적으로 설명, 해석할 수 있는 광기)으로 인식되었다.

광인들에게 어떤 특별한 조치가 필요하다고 여겨진 것은 17세 중반 이후의 일이다.

푸코는 이 시기를 '고전주의 시대'라고 부른다. 일반적으로 고전주의 시대에는 계몽주의가 큰 힘을 발휘했다. 이성의 관념이 확산되고 세상을 합리적으로 통제하려는 움직임이 거세게 일어나고 있었다. 특히, 데카르트의 철학은 이성과 비이성을 명확히 갈라놓았다. 데카르트의 제1명제 '나는 생각한다. 고로 존재한다'는 인간의 존재기반을 생각할 수 있는 능력 그 자체로 만들어버렸다. 즉 이성만이 인간 존재의 근거이며, 따라서 광기에 휩싸인 사람들은 이성적 사고가 불가하다는 이유로 인간 바깥에 놓이는 처지가 되는 것이다.

17세기 중엽 프랑스에 일종의 종합병원이라고 할 수 있는 '로피탈 제네랄'이 설립된다. 이 기구는 이후 모든 도시로 확대되어 설치된다. 로피탈 제네랄의 표면적 역할은 다양한 부랑자를 수용하는 것이었지만, 실은 사회적 혼란을 가져올 수 있는 사람들을 통제하려는 데 목적이 있었다. 이곳에는 실업자, 죄수, 다양한 질병의 환자 등이 수용되었는데 그 속에는 광인도 포함되었다. 이제 광인이 감금의 대상이 된 것이다.

푸코는 광인의 감금에 중요한 의미를 부여한다.

로피딜 제네랄은 구빈원의 역할을 한다고 하지만 실제로는 도덕적 단죄의 의미를 담고 있는 공간이었기 때문이다. 그것은 로피탈 제네랄의 설립 취지가 나태의 방지라는 사실에서 잘 나타난다. 당시, 나태와 게으름은 매우 심각한 사회적 문제였다. 자본주의가 성장하는 시대에는 무엇보다 양질의 노동력이 공급되어야 하고, 나태와 게으름은 노동력의 질적 하락을 불러오는 골칫거리였다. 당시 기독교적 전통에서 볼 때 노동을 게을리 하는 것은 신 앞에 불경스러운 죄를 짓는 것과 같았다. 기독교적 이분법에 따르면 영혼은 육체보다 신성한 것이다. 따라서 노동을 통해 육체를 고통스럽게 하는 것은 그만큼 영혼에 집중하고자 노력하는 행위가 되는 것이다. 그래서 게으른 사람들은 다시금 노동 의지를 가질 수 있도록 도덕적 교정이 필요한 대상이 되는 것이다. 이들을 교정하기 위해 설립된 것이 로피탈 제네랄이었고 광인이 그곳에 수용되었다는 것은 이제 광인도 도덕과 윤리에 의해 판단되어야 하는 대상이 되었음을 의미하는 것이다. 중세까지 사람들은 광인을 신들린 사람으로 생각하여 성스럽게 취급했고, 르네상스 시대까지만 해도 광기는 상상적 초월성과 연결되어 있었다. 그러던것이 고전주의 시대로 넘어 오면서 인류 역사상 처음으로 광기는 노동 공동체의 사회 안에서 윤리적 단죄의 대상이 되었다. 사실, 도덕은 권력의 한 형태다. 도덕적인 가치관에 의해, 개인의 판단력에 영향이 오고, 또 제재가 가해지기도 한다.

근대에 이르러서는 광인들에 대한 물리적 억압과 폭력적 관리방식이 사라지긴 했지만, 대신 그 자리엔 정신의학적 관리 방식이 자리잡게 되었다. 쉽게 말해, 광인들의 죄수복은 환자복으로 바뀌었고, 그들은 이제 광인이 아닌 정신병자로 불리게 되었으며, 치료의 대상으로 바뀌게 되었다.

《광기의 역사》는 중세, 르네상스 시대, 고전주의 시대를 거쳐 근대적 정신병원이 탄생되는 과정에서 비이성적인 것일 뿐 질병이 아니었던 광기가 격리와 수용의 과정을 거쳐, 질병으로 낙인찍히게 되는 과정을 보여준다. 우리는 사회의 규범과 가치관을 떠나서 정상인과 비정상인, 이성인과 광인을 명확히 구분할 수가 없다.

- 광기에 대한 지식은 결코 이 세계에 확신을 주지 못하며 오로지 그 광기의 작품들만이 이 세계를 설명해 줄 뿐이다.

- 내가 누구인지 묻지 말고, 나에게 언제나 똑같은 모습으로 남아 있기를 강요하지 말라. 그것은 호적 관리의 도덕일 뿐이다. 그 도덕은 우리의 서류를 지배한다. 그러나 글을 쓸 때만은 우리를 제발 좀 자유롭게 내버려 두었으면 좋겠다.

- 권력은 절대적인 것이 아니며, 언제나 상호작용에 의해 생성 및 유지된다.

- 우리는 언제나 권력과 관련하여 존재하며, 권력은 어떤 경우에나 규범적이고 규제적이다.

- 당신은 시대의 도덕에 맞서는 영웅이 되어야 한다.

찰스 샌더스 퍼스 Charles Sanders Peirce_
윌리엄 제임스 William James_
존 듀이 John Dewey_
쓸모 있는 진리가 참이다

왼쪽부터 퍼스, 제임스, 듀이.

1870년대 미국에서 태동한 실용주의 또는 프래그머티즘(pragmatism)은 퍼스가 씨앗을

뿌리고, 제임스가 꽃을 피우고, 듀이가 이를 집대성하여 열매를 맺었다. 실용주의는 실제

결과가 진리를 판단하는 기준이라고 주장하는 철학 사상으로 행동을 중시하며, 사고나

관념의 진리성은 실험적인 검증을 통하여 객관적으로 타당한 것이어야 한다고 본다.

찰스 샌더스 퍼스, 프래그머티즘의 창시자

칸트나 헤겔의 관념론을 읽다 보면, 뜬구름 잡는 이야기 같고 이 것들이 도대체 현실에 어떻게 적용될 수 있을지 모르겠다는 생각을 다들 한 번쯤 해 보았을 것이다(물론, 이것들이 무용하다고 주장하 는 것은 아니다). 이러한 독일 전통의 관념철학은 미국 특유의 실용 주의적 정서와는 맞지 않았다. 19세기 말 당시의 미국은 남북전쟁 이후 노예제도가 폐지되고 미서전쟁(미국-스페인 전쟁)을 전기로 하여 미국사회가 급속도로 공업적 자본주의체제로 비약하던 무렵이 다. 이러한 시대적 요청에 부응하는 사상은 인간에 의한 대규모적 지언게조 시상이었다. 이 시대적 요구에 훌륭하게 응답한 것이 다 름 아닌 프래그머티즘이다. 이 말을 본격적으로 사용한 것은 프래그 머티즘의 창시자 퍼스(1839~1914)다. 프래그머티즘을 실용주의라 부르기도 한다. 프래그머티즘(Pragmatism)이라는 용어는 프라그마 (pragma)라는 그리스어에서 파생되었는데, 이는 실험, 실천, 행위 를 의미한다. 다시 말해, 생각만으론 진리를 얻을 수 없으며, 실험, 실천, 행위를 통해서만 얻을 수 있다는 것이다.

실용주의는 미국에서, 퍼스가 실용주의의 씨앗을 뿌리고, 제임스 가 꽃을 피우고, 듀이가 이를 집대성하여 열매를 맺었다.

실용주의의 창시자인 퍼스는 진리를 실천 상의 유용성을 기준으로 결정했다. 즉, 개념의 의미는 이것이 실천적으로 검증될 때만 옳은 것으로 인정되고, 행동의 결과로서 나타날 수 없다면 가치가 없다는 것이다. 바꿔 말하면 행동상의 실제적 효과의 유무가 결국 개념의 의미성 여부를 가르는 기준이 되는 것이다. 예를 들어, 돌이 단단하다고 했을 때, 돌이 정말 단단한지는 다른 물체와 직접 부딪혀보는 과정을 통해 의미를 갖게 된다. 머릿속으로 돌이 얼마나 단단한지에 대해 아무리 생각해본다 한들 의미를 갖지 못할 것이다.

합리주의 사상에서 인식은 머리(생각)로 이루어지는 것이었지만, 퍼스는 과학적, 실험적 탐구방법을 거친 지식의 중요성을 강조했다. 추론과 탐구를 통해 신념을 감각적으로 확인할 수 있는 결과를 중시한 것이다. 이 같은 퍼스의 이론은 제임스에게로 이어진다. 퍼스에게는 신념의 참이 내 안에서 탐구로 증명되면 그만이지만, 제임스에게는 실천의 과정을 통해 실제로 좋은 결실을 낳아야 한다. 제임스는 유용한 것이 곧 진리임을 주장하며 지식은 현금가치(=실생활에 유용한 가치)를 지녀야 한다고 주장했다. 따라서 어떤 관념, 이론, 주장이 참이라고 한다면, 그것이 실생활 속에서 실천을 통해 반드시 유용한 결과를 낳아야 한다. 결국, 진리와 유용성은 동일한 가치를 지니게 된다. 퍼스와 제임스는 이 점에서 차이가 있었다. 퍼스는 진리를 이상적이며 절대적이라고 본 것에 반해, 제임스는 진리를 경험적이며 상대적이라고 보았다(시대와 사회의 변화에 따라 유용함이 달라질 수 있기 때문).

윌리엄 제임스, 유용한 것이 곧 진리다

윌리엄 제임스(1842~1910)는 유용한 것이 곧 진리임을 주장하며 지식은 현금가치(실생활에 유용한 가치)를 지녀야 한다고 주장했다. 제임스는 어떤 관념, 이론, 주장이 참이라고 하려면, 그것이 실제 생활 속에서 실천을 통해 반드시 유용한 결과를 낳아야 한다고 주장했다. 결국, 진리와 유용성은 동일한 가치를 지니게 되는 것이다.

제임스는 환경에 가장 적합한 개체가 자손을 남긴다는 적자생존설을 인간의 사상에 적용했다. 이렇게 되면, 과학과 종교를 비롯한 인간의 모든 사상과 관념은, 그것이 인간에게 얼마나 이익을 가져다주는가 하는 관점에 기초하여 평가를 받게 된다. 아무리 훌륭해 보이는 사상도, 실제로 유용하지 않으면 가치가 없다는 것이다. 이 전제를 고수하면, 진리의 절대성이 부정된다. 무엇이 진리인가를 따질 때, 한 사람 한 사람이 지닌 각자의 경험과 상황에 따라 그 여부가 달라지기 때문이다. 예를 들어, 똑같이 신에 대한 종교적 믿음을 가지고 있는 사람이라도, 그 믿음 때문에 겸허하고 양심적으로 사는 사람이 있는 반면, 전혀 남들과 다를 게 없는 삶을 사는 사람도 있다. 전자에게 있어 신이 존재한다는 믿음은 겸허하게 분수를 파악하고 사는 데 기여를 했기 때문에 진리가 되지만, 후자에겐 진리가 아니게 된다.

제임스는 '어떤 관념이든지, 그 자체 하나의 신념으로서 유용한 것이라면 참된 관념으로 볼 수 있다'라고 말하고 있다. 논리적 검토를 감당할 수 없는 관념이라 할지라도 그것이 우리의 실생활에 어떤 의미가 있으면 참된 관념이라 할 수 있다는 것이다. 하지만 진리를 절대적인 것으로 보았던 퍼스는 여기에 반대하였다. 단지, 유용함을 주는 관념이 곧 참이라고 말한다면, 동일한 하나의 신념이 어떤 사람에겐 참이되지만, 다른 사람에게는 거짓이 되는 모순을 허용해야 한다는 것이다. 진리는 공적인 것이지 사적인 것이 될 수 없다는 것이다. 그러나 제임스는 공적 명증과 사적 만족을 날카롭게 구분하려는 퍼스의 주장에 굴복하지 않았다. 제임스는 예술적 감각이 탁월하고 종교적 정서가 풍부했던 터라, 프래그머티즘을 심화하고 윤택하게 하여 당시 미국의 정신적 상황에 부합하는 세계관을 수립하였던 것이다.

존 듀이, 지식은 도구다

미국의 철학자이자 교육학자인 존 듀이(1859~1952)는 실용주의에 바탕을 둔 보편적 교육학설을 창출하였다. 처음엔 헤겔의 사상에 영향을 받았으나, 제임스의 실용주의에 심취해 도구주의를 확립하였다. 그는 퍼스와 제임스의 사상을 종합했으며, 프래그머티즘을 더욱 포괄적이고 체계적인 사상으로 격상시켰다. 그가 확립한 도구주의란 우리의 관념과 사상은 사실 실생활의 문제를 해결하기 위한 도구에 불과하다는 것이다. 관념, 이론, 경험 등 이 모든 것은 우리의 실생활에서 문제를 해결하기 위한 도구에 불과하며, 우리가 지니는 창조적 지성 역시 도구사용의 능력일 뿐이다.

인간도 생물의 일종으로서 다른 생물과 마찬가지로 자연환경 속에서 살아가며 또 변화하고 있다. 그래서 듀이는 인간이 가진 모든 자질은 환경과 깊은 관계에서 만들어지고 길러졌다고 생각했다(듀이는 제임스의 실용주의와 다윈의 진화론을 결합해 도구주의라는 이론을 제시했다). 새가 지푸라기, 낙엽, 나뭇가지를 모아 둥지를 만들듯이, 인간의 논리형식과 제 개념도 인간이 주위의 환경에 대응하여 그 성과를 반복하고 축적하면서 발견되어 온 것이다. 그러므로 인간의 사상은 환경과 관계를 단절하여 그 자체로 독립하여 있을 수 없다. 환경과 싸우는 구체적인 생활 속에서 사상은 비로소 진정한 의미를 갖게 된다. 반대로 말하면, 곤란한 사태에 직면한 인간에게 그 해결에 도움이 되지 않는 사상과 지식은 가치가 없다는 것이다.

인간의 지식과 사상도 현실적인 문제를 해결하기 위한 도구이기 때문에, 지식과 사상은 사변적이고 애매한 것이 아니라 구체적이고 현실적이어야 한다. 이리하여 듀이는 인간의 사고를 망치나 트럭과 마찬가지로 도구로서 현실에 얼마만큼 유용한가에 따라 평가해야 한다고 주장했다. 예를 들어, 심리학에 '트라우마'라는 개념이 있는데, '트라우마'라는 영역이 대뇌 안에 정말 물리적 형태로 존재하고 있을 리는 없다. 이것은 논리적 구성체에 불과하다. 그러나 '트라우마'라는 개념을 사용하면 인간의 심리와 행동을 설명하는 데 매우 큰 도움이 된다. 그러므로 이 '트라우마'라는 개념을 도구로써 유용하게 사용하는 것이다. 사고는 도구에 불과하다고 결론짓고서, 그것을 사용하여 현실 생활을 훌륭하게 발전시키면 그 진위에 구애받을 필요는 없다. 듀이는 이것을 도구주의라고 하였다. 그러나 이후 실용주의는 진리를 상대화하고 도구화하여 많은 철학자에게 비철학적이라는 비판을 받았다.

....

실용주의자들의 말

- 과학적 정신은 경험이 신념에 위배되는 순간, 언제라도 대량의 신념을 전부 버릴 각오를 하라고 인간에게 요구한다. – 찰스 샌더스 퍼스

- 인생이 살 가치가 있는 것이라고 믿어라. 그러면 너의 신념이 그러한 사실을 만드는 데 도움을 줄 것이다. – 윌리엄 제임스

- 우리 시대의 가장 위대한 발견은, 인간이 자신의 태도를 변화시킴으로써 삶을 변화시킬 수 있다는 것이다. – 윌리엄 제임스

- 자아는 이미 만들어진 것이 아니라 선택을 통해 계속해서 만들어가는 것이다. – 존 듀이

- 아이의 발달은 환경 안에서 경험을 통해서만 가능하다. – 존 듀이

■ 서양철학사 연대표

시대 구분	연표(년)	주요 철학사조 및 철학자		역사적 배경
고 대	기원전 (624–370)	그리스 자연철학	탈레스	그리스 민주정 확립 – 최초의 민주주의 – 기하학의 발견
			아낙시만드로스	
			헤라클레이토스	
			피타고라스	
			파르메니데스	
			엘레아의 제논	
			데모크리토스	
	기원전(480)경	소피스트	프로타고라스	
	기원전 (330–270)	소크라테스 이후 그리스 철학	소크라테스	
			플라톤	
			아리스토텔레스	
	기원전 (470–320)	헬레니즘	키티온의 제논	알렉산더의 대제국 – 동서 문명 교류
			퓌론	
			에피쿠로스	
	250경	신플라톤주의	플로티누스	
중 세	350경	교부철학	아우구스티누스	로마제국의 성립과 멸망 봉건체제 – 기독교의 확산
	1000–1350	스콜라 철학	아퀴나스	
			강의 헨리쿠스	
			둔스 스코투스	
			오컴	
	1260–1460	신비주의	에크하르트	
			쿠자누스	

시대 구분	연표(년)	주요 철학사조 및 철학자		역사적 배경
근 대	1465–1530	르네상스	마키아벨리	근대 체제의 성립 – 금속활자 발명 – 종교개혁 – 아메리카 대륙 발견 – 영국 명예 혁명 – 미국 독립 선언
			에라스무스	
	1530–1660	모럴리스트	몽테뉴	
			파스칼	
	1600–1720	합리론	데카르트	
			스피노자	
			라이프니츠	
	1560–1770	경험론	베이컨	
			로크	
			버클리	
			흄	
	1580–1770	사회계약론	홉스	
			루소	
	1730–1830	독일관념론	칸트	근대 체제의 심화 – 프랑스 대혁명 – 산업혁명 – 나폴레옹의 원정 – 민족주의 확산 – 진화론의 발견
			피히테	
			셸링	
			헤겔	
	1750–1870	공리주의	벤담	
			밀	
	1830–1880	마르크스주의	마르크스	
	1780–1940	생철학	쇼펜하우어	
			베르그송	
	1815–1950	실존주의	키에르케고르	
			니체	
			야스퍼스	
			사르트르	
	1890–1900	실증주의	콩트	
	1860–1920	실용주의	퍼스	
			제임스	
			듀이	

시대 구분	연표(년)	주요 철학사조 및 철학자		역사적 배경

현 대	1900–1960	현상학
		해석학
			후설	현대 체제의 성립
				
				– 상대성이론/
				  양자역학의 발견
				– 러시아혁명과
				  사회주의의 확산
				– 1,2차 세계대전
				– 원자폭탄의 발명

			하이데거	
			가다머	
	1890–1960	논리실증주의	프레게	
			러셀	
			비트겐슈타인	
			포퍼	
			콰인	
	1920–1970	비판이론	호르크하이머	
			아도르노	
			하버마스	
20세기 후반	1920–1980	네오 마르크스주의	루카치	현내 체세의 심화 – 미소냉전 – 베트남 전쟁 – 독일통일/ 소련해체 – 생명공학의 발전 – 인터넷의 발명 – 9.11테러
			마르구제	
			그람시	
			알튀세르	
	1910–1960	구조주의	소쉬르	
			레비스트로스	
	1960–현재	후기구조주의	리오타르	
			푸코	
			데리다	

■ 참고문헌

강신주, 《철학 vs 철학》, 오월의 봄, 2016

니콜로 마키아벨리(김운찬 역), 《군주론》, 현대지성, 2021

르네 데카르트(양진호 역), 《성찰》, 책세상, 2018

마르틴 하이데거(전양범 역), 《존재와 시간》, 동서문화사, 2008

미셸 푸코(오생근 역), 《감시와 처벌》, 나남, 2020

박병철, 《비트겐슈타인철학으로의 초대》, 필로소픽, 2015

박서현, 《데카르트의 방법서설》, 웅진지식하우스, 2019

버트런드 러셀(서상복 역), 《러셀 서양철학사》, 을유문화사, 2019

아르투어 쇼펜하우어(홍성광 역), 《의지와 표상으로서의 세계》, 을유문화사, 2019

아리스토텔레스(천병희 역), 《정치학》, 숲, 2009

아우구스티누스(김희보, 강경애 역), 《고백록》, 동서문화사, 2016

안광복, 《처음 읽는 서양철학사》, 어크로스, 2017

유대철, 《아퀴나스의 신학대전》, 웅진지식하우스, 2019

임마누엘 칸트(김석수 역), 《순수이성 비판 서문》, 책세상, 2019

이병창, 《현대철학 아는 척하기》, 팬덤북스, 2016

이종환, 《플라톤 국가강의》, 김영사, 2019

장 폴 사르트르(박정태 역), 《실존주의는 휴머니즘이다》, 이학사, 2008

존 로크(권혁 역), 《통치론》, 돋을새김, 2020

존 스튜어트 밀(서병훈 역), 《공리주의》, 책세상, 2018

존 스튜어트 밀(박문재 역), 《자유론》, 현대지성, 2018

칼 마르크스(김문현 역), 《경제학 · 철학 초고 / 자본론 / 공산당선언 / 철학의 빈곤》, 동서문화사, 2008

프리드리히 니체(장희창 역), 《차라투스트라는 이렇게 말했다》, 민음사, 2004

프리드리히 니체(정동호 역), 《차라투스트라는 이렇게 말했다》, 책세상, 2000

플라톤(박종현 역), 《에우티프론/소크라테스의 변론/크리톤/파이돈: 플라톤의 네 대화편》, 서광사, 2003

한나 아렌트(김선욱 역), 《예루살렘의 아이히만》, 한길사, 2006

허경, 《미셸 푸코의 광기의 역사 읽기》, 세창미디어, 2015